AF314697

PREMIÈRES

et

DERNIÈRES LETTRES

FRANCIS DUTEAU

26 Mai 1903 — 31 Octobre 1926

PREMIÈRES

et

DERNIÈRES LETTRES

« Il était généreux, loyal, chevaleresque ;
« une âme comme la sienne se donnait à
« fond, si bien qu'en peu de temps il avait
« parcouru une longue route ».

GRENOBLE

IMPRIMERIE SAINT-BRUNO

11, Rue Casimir-Brenier

—

1928

INTRODUCTION

En souvenir de Francis DUTEAU

> « *Sine macula enim sunt aute thro-*
> *num Dei* ».
>> « Ils sont sans tache devant le
>> « trône de Dieu ».
>>> *S. Jean, Révél.* XIV, 5.

Je parcours en reculant le long chemin du souvenir et je remonte jusqu'au temps, où, la main dans la main, pleins de la foi sublime de nos quinze ans, nous nous attachions, Francis Duteau et moi, par les liens d'une amitié solide que le temps, la séparation, ni même la mort ne devaient parvenir à desserrer.

J'ai connu mon pauvre cher ami sur les bancs du collège, où nous étions condisciples.

Je l'ai connu jeune, et quand on se connaît jeune, on se connaît bien, — et à fond.

Sa joie entraînante, sa gaîté de bon ton, l'exquis sourire de ses yeux d'or m'avaient de suite conquis ; mais c'est plus encore les qualités de son âme et les dons de son cœur qui faisaient de lui un être excep-tionnel dont l'amitié me fut si douce et si précieuse.

Je n'ai jamais rencontré chez un jeune homme de notre âge cet équilibre superbe des facultés.

Dieu, la foi, les fins de l'homme, avec quel feu

Francis, encore adolescent, défendait déjà ses idéaux !
C'est le cœur qui fait la vraie éloquence, et le sien
débordait d'enthousiasme et de foi.

Tous ses camarades l'entouraient non seulement
d'affection, mais encore d'une certaine admiration respectueuse : on eut dit que si jeune, il avait déjà en lui
cette flamme spirituelle que Dieu allume dans certaines
âmes élues ; cette flamme qui, aux jours de son agonie,
le faisait adresser à son divin Maître un si bel acte
d'amour et de soumission !

Francis me témoigna vite une amitié qui me fut,
entre toutes, particulièrement chère. Nous ne nous
cachions rien de notre vie intellectuelle et morale ; j'ai
connu alors ses peines et ses joies.

Celles-ci, c'était la vie !

Vivre ! il vivait si intensément ! Comme un aristo-
crate de souche, il savait quels trésors d'énergie on
peut tirer de sa race.

La Gascogne était aimée de lui comme une mère :
m'invitant à la connaître, il m'en dépeignait les charmes :

« Oh ! ces douces siestes par un soleil royal, à l'ombre d'une vigne, et les grappes d'or mollement agitées
par la brise du large qui vous caressent le visage... »

Mais vivre était surtout pour lui le moyen de rendre
l'affection qu'on lui témoignait :

« C'est en me créant une place au soleil que je ren-
drai à mes excellents parents ce que je leur dois, c'est-
à-dire tout ce que j'ai de bon en moi ».

C'est pour sa sœur également qu'il veut vivre, et
surtout bien vivre ; il veut être pour elle un modèle
vivant de vertu et de droiture morale.

Des peines, il n'en avait pas.

Il n'en eut qu'un jour, jour terrible où il sentit en lui, irréparable, l'affreuse atteinte de la maladie.

Mais il supporta sa peine comme Jésus porta sa Croix : jamais un doute, jamais un reproche, un mot de rancœur ou d'amertume.

Ce stoïcisme, ce calme sublime d'un être jeune en face de la mort, ceux qui l'ont connu dans ses derniers jour furent unanimes à les admirer ; les nobles qualités de son âme faisaient que vivant, malade surtout, sa tête semblait auréolée déjà de la clarté sereine des élus.

« Dans les monts du Bugey, disait-il, les chaleurs ne sont pas très incommodantes, car les nuits apportent toujours un peu de fraîcheur et la vue des sapins est désaltérante ».

Telle était son âme qui, dans l'ampleur de la foi, ne connût ni le doute, ni la désillusion, ni les vilenies de la vie.

Heureux ceux qui ont fixé très haut leur rêve de vie, l'ont atteint et ne sont pas redescendus !

Catholique, Francis l'était non seulement dans son cœur, mais dans tous ses gestes, et il ne connut jamais, pour employer son expression, « l'odieux respect humain ».

Quel exemple, pour la jeune génération qui monte, que la vie et la mort de Francis Duteau !

Au collège, tel un apôtre, il va prêchant la bonne parole.

Ses yeux sont si purs, sa conviction si profonde, qu'il émeut, qu'il touche, qu'il convertit.

Peu de temps avant sa fin, « il va à Rocamadour voir la Vierge ».

« Je suis allé à Rocamadour, m'écrit-il, avec les

mêmes sentiments que les chevaliers partant à la Croisade ».

Des chevaliers, n'en eut-il pas toute la noblesse, l'héroïque foi? Que se passa-t-il à Rocamadour? Quelle prière fit-il à la Vierge? Personne, je crois, ne le sût; mais il apparaît bien qu'un lien mystérieux prit naissance ce jour-là entre le surnaturel et lui : dès lors, il va marcher vers Dieu à grands pas.

Il va tomber, sans forces, mais avec une foi décuplée.

« Depuis 1922, m'écrivait-il à ce moment, je suis un palier qui ne peut être bien long dans aucun cas...

...J'ai l'impression que je joue une très grosse partie ».

Ce n'était pas un palier, hélas! mais, par l'épreuve de la douleur, une ascension journalière vers l'idéal suprême, vers la Croix du Dieu aimé.

Il est bien vrai que la douleur éclaire la vie jusqu'au fond et nous montre des choses invisibles : elle fit trouver à Francis des trésors de foi, de courage et d'énergie morale.

On lira dans ce recueil quelques-unes des dernières lettres de Francis Duteau, pieusement recueillies par sa mère sur le conseil de personnes éclairées, ainsi que quelques fragments de prose et de vers de mon malheureux ami.

Qu'aurait pu être l'homme, et qu'aurait-il pu faire, quand l'enfant a été tel!

Sentant sa mort prochaine, Francis laissa parler son cœur avec lyrisme et résignation :

> « *Vous qui m'aiderez dans mon agonie,*
> *Ne me dites rien.*
> *Faites que j'entende un peu d'harmonie,*
> *Et je mourrai bien* ».

La disparition d'un être tel que Francis Duteau est un deuil qui a frappé au cœur tous ceux qui, comme moi, ont eu le bonheur de le connaître.

Pour les siens, quel affreux malheur !

Mais le passé nous reste, avec le souvenir de sa mort, couronnement de sa vie ! Ne pleurons plus, Francis a dit :

« C'est la prière qu'il faut aux morts, et non les pleurs ».

Celui qui est mort en disant, dans le dernier souffle de son cœur : « J'aime Jésus », était aimé de Dieu, lui aussi.

Lorsque nous pensons à Francis, le soir en fermant les yeux, ayons au cœur l'espoir vivant de le retrouver Là-Haut, grandi et couronné, car il est parmi ceux de qui l'on peut dire avec S. Jean, parlant des Justes :

« Ils sont assis, sans tache, devant le trône de Dieu ».

Mars 1928.

Jean COMOY,

Licencié ès lettres et en droit,
Avocat à la Cour d'Appel.

Bris-sur-Forges, 15 juillet 1923.

Ma petite sœur,

Cette lettre que j'ai reçue hier m'a fait tant de peine que j'en ai pleuré. Tout de suite je suis allé prier Dieu dans la chapelle des Sœurs, afin qu'Il me fasse trouver les paroles qui consolent.

Ma Simone, je crois en Dieu comme au jour de ma première Communion. Oh! si tu pouvais bien comprendre l'exemple du bon Jésus, je serais sûr de toi pour l'avenir; tu sais, le même si doux Jésus de Noël qui par cette nuit d'hiver descendait dans nos petits souliers, le même que maman bénissait pendant que nous étions agenouillés avec papa devant le feu. Alors nous étions heureux, car l'immense paix du Ciel s'étendait sur notre famille si unie et si pieuse.

Vois, Simone, le courage de Jésus : a-t-il renoncé malgré ses défaillances à porter sa Croix? nous laissant un exemple sublime. Un soldat de Dieu doit tout supporter et ne jamais se décourager ; car, n'est-ce pas, la vie est belle, même dans les souffrances puisqu'elle sert à nous conquérir le Ciel.

Petite sœur, j'aime Jésus de plus en plus. Tu trouveras sur ton chemin bien des gens égoïstes et niais qui se moqueront de Lui, avec des arguments absurdes ou des injures grossières. Ceux-là sont les soldats romains qui flagellèrent Jésus et lui crachèrent au visage. Il faut les plaindre, car ils se refusent la consolation divine dans le malheur et ne veulent pas profiter de la grande paix que l'on trouve dans les églises, et seulement dans les églises. Va souvent dans cette petite église de Saint-Christoly, tu y puiseras le courage de résister aux tentations. Et malgré l'ironie de tes petites compagnes plus mauvaises que toi, sois fière d'être dans le vrai, de croire en Jésus, qu'il faut prier.

Imagine-toi à la guerre. Ton ennemi, c'est Satan. Tes alliés sont Jésus, papa, maman, ton frère. Donc toutes les fois que Satan, sous la forme de mauvais livres, t'apparaît, hop! appelle à la rescousse les images de petit père et de petite mère, et tu verras que tu seras heureuse. Tu auras alors gagné une victoire. Il ne faut pas que les nombreux assauts que tu auras à subir te découragent. Tu entres maintenant dans la vie et la vie est faite de luttes. Tout le monde doit lutter et je puis t'affirmer que l'on n'est jamais plus heureux que lorsqu'on a gagné la victoire.

Ma Momone, il y a bien assez de moi pour causer de la peine à papa et à maman. Ils s'inquiètent beaucoup de ma santé et moi je ne puis pas encore travailler pour les aider dans leurs difficultés. Il ne faut pas que notre chère Simone soit un sujet de tracas pour nos parents.

Raisonnons, veux-tu ma sœur chérie? Il est des moments où la curiosité vous pousse (toi aussi, sans doute) à lire des romans où l'on parle d'amour. D'abord il faut bien que tu croies que les choses décrites ne se passent jamais comme ça dans la réalité. Tu peux faire confiance à ton grand frère qui a de l'expérience. Donc à quoi bon s'y arrêter puisque ce n'est pas vrai? D'autre part, l'auteur de ces romans a écrit uniquement pour gagner de l'argent en vendant ses livres. Il se fiche pas mal d'empoisonner les cœurs avec de vilaines paroles, pourvu que ses livres se vendent et lui rapportent de l'argent. Aussi pour punir cet écrivain immoral de son crime, il ne faut pas lui acheter ses livres et encore moins les lire. Ton Francis connaît de bons auteurs qui ont écrit pour donner de bons et nobles sentiments aux hommes. Tu les connais, et je te donnerai assez de livres intéressants pour que tu ne t'ennuies pas.

Maintenant, te trouves-tu meilleure après que tu as lu un mauvais livre? Non, et bien au contraire; tu t'énerves pour un rien, le travail, les amusements que tu aimais te paraissent ternes et ennuyeux. Tu n'as plus goût à rien. N'est-ce pas, Simone chérie, que tu ressens tout cela après de mauvaises lectures? Et puis tu n'obéis plus à maman, tu l'aimes moins ainsi que tu aimes moins Jésus.

Non, je ne veux pas que tous les fléaux s'abattent sur ma petite sœur; je veux la défendre contre les tentations et pour cela je lui donne les remèdes qu'il faudra appliquer courageusement. Ils ne sont pas terribles, au contraire; ce sont les mêmes que ceux d'hier :

« Prie Dieu avant de te coucher et va, quand tu le pourras, à l'église. Représente-toi petite mère, petit père et Francis. Ton grand frère retroussera ses manches et boxera les mauvais démons qui attaquent sa Momone!

Relis de jolies choses qui élèvent l'âme. Te rappelles-tu : *Le petit roi de Galice, Eviramus, Aymerillot* et *La Mort du Loup?* »

Vois-tu, il faut souffrir pour aller au Ciel et souffrir avec courage. Je serais content que tu aies la fierté de notre cousine Hélène de Rosencoat, que tu saches te défendre.

Tu vois, Momone, que je te parle comme à une grande amie à qui je confie tout. J'espère que tu auras la même confiance dans ton grand frère et que dans la prochaine lettre tu me diras la joie de vivre au milieu de parents que tu aimes. Tu me diras que ces vilains papillons noirs sont loin de toi. Ce sont des sornettes qui ne méritent pas un moment d'attention. Tu me diras aussi que tu t'amuses bien, que tu humes le bon air avec délices et que tu aimes bien ton frère.

Maintenant, chère Simone, un dernier conseil : pour rester en bonne santé, pour souffrir le moins possible, aime Jésus crucifié, aime-nous toujours, fais du sport avec gaieté, avec courage. C'est entendu, Simone, tu es une grande fille maintenant, à qui je serre la main comme à quelqu'un de mon âge.

Dieu est si bon, reste sous sa protection éclairée ; tu auras bonheur et joie sans mélange, toutes les autres satisfactions terrestres se payent par une douleur égale.

Je te serre de tout mon cœur dans mes grands bras en t'embrassant plus que d'habitude. Ton grand frère attend une lettre bien franche comme la dernière, de sa petite sœur.

Francis.

Bris-sur-Forges, 28 septembre 1923.

Petite sœur,

Je t'aime de tout mon cœur parce que tu es franche
et loyale. Oui, dis-moi tout ce qui assaille ton petit
cœur. Je saurai trouver pour ma Momone les douces
paroles qui consolent et je serai indulgent comme un
grand frère en qui il faut avoir confiance. Songe, ma
sœur chérie, que tu es le rayon de soleil de notre
famille, que ton âme si pure fait toute notre joie et
notre consolation, à nous qui déjà ne sommes plus
jeunes. Oh! ma petite sœur, reste toujours notre
Monette qui nous aime tant et que nous aimons tant.
Voyons, tu ne voudrais pas qu'il y ait plus de place
dans ton petit cœur pour des sentiments étrangers,
pour des personnes étrangères, que pour petite mère
et petit père qui ont fait de toi une jeune fille accom-
plie, qui ont tout sacrifié pour ta santé, pour ton éducation depuis quinze ans bientôt. Pour petit père qui
te laisse un nom honoré, glorieux : « Duteau », une
croix d'honneur que nous devons faire respecter. N'en
n'es-tu pas fière de ton papa si grand, si beau, si fort
et surtout si loyal? Compare-le avec les autres papas
et tu verras que ton plus grand chagrin serait de voir
son fils ou sa fille ne pas suivre le chemin de l'honneur. Dans ton petit cœur il y a bien aussi une petite
place pour ton grand frère et pour le si bon Jésus.

Momone écoute-moi bien. Ce qui te fait souffrir, je
l'ai ressenti lorsque j'avais ton âge. Je comprends
et suis indulgent à une condition : « que, comme moi,

tu aies le courage de ne pas céder à ton cœur ». Et pour cela, Monette, il n'y a que deux choses à faire, deux pensées qui pourront combattre les mauvaises influences de Satan : ta famille qui t'aime tant et Dieu ! Lève les yeux sur ton Crucifix, Lui seul donne la force morale et te fera voir dans un doux rêve la si douce figure de notre chère maman.

C'est donc entendu, Simone, il faut que passent devant tes yeux et souvent : Jésus, papa, maman, ton frère. Dans la journée, entre à l'église ; là seulement on trouve la grande paix qui purifie les âmes et les rendent plus fortes. Il fait si bon dans nos petites églises de campagne si recueillies. Dans trois semaines, tu rentreras à Saint-Denis, dans cette fière pension si familiale, si calme et où il faudra faire triompher avec courage le nom de papa ; n'oublie pas que tu es fille d'officier.

Au revoir, ma petite sœur chérie, je t'embrasse plus tendrement encore que les autres fois, puisque tu souffres.

TON FRÈRE.

La Roche, 20 juillet 1924.

Bien chère sœurette,

Ainsi que tu me le demandes, j'ai gardé ta lettre pour moi et j'y réponds aussitôt, peut-être serai-je un peu bref étant encore faiblard.

Sois d'abord assurée que je te soutiendrai dans tes moments de dépression et que je ferai tout pour me rendre digne de ta confiance.

Ne perds jamais de vue ce fait auquel tu ne prêtes peut-être pas assez d'attention : tu as le privilège d'avoir d'excellents parents qui t'entourent de leur plus vive tendresse. Ne ferme jamais ton cœur à leurs douces paroles. Combien de jeunes gens sont privés d'un pareil secours, d'un pareil réconfort et leur vie entière est marquée par cela même d'une tache ! Moi-même à ton âge je ne comprenais guère mon bonheur d'avoir de tels parents qu'aucune de nos méchancetés ne rebute. En eux se trouve le seul amour qui ne faiblit jamais.

Là-dessus, ma bonne Monette, passons à ta lettre ; elle est empreinte d'une grande tristesse, celle que je ressentais à ton âge devant l'inconnu, devant le monde. Evidemment, la transition est brusque entre cette vie de Saint-Denis et celle de Paris et cela excuse la grosse erreur d'appréciation dont tu es coupable.

Il y a, en effet, beaucoup de ces femmes peinturlurées, tirant sur le Peau-Rouge, et qui semblent tenir le haut du pavé ; elles sont méprisables, elles-mêmes conçoivent du dégoût de leur vie, et admirent en secret les jeunes filles honnêtes qui reçoivent des hommages infiniment plus élevés et plus nombreux. Gardons-nous de commettre la grossière erreur des Américains qui jugent toute la France laborieuse d'après les coins de Paris où l'on s'amuse. Mais il ne faut jamais oublier pour notre consolation, pour celle de Dieu, qu'à côté d'elles, passent des foules de femmes honnêtes, de celles qui sont les mères de famille tant respectées. Songe à la tenue discrète, à la véritable et sobre élégance de maman, de Mme S... et de millions d'autres qui sont nos mères. Elles ont compris la beauté de la vie de famille chrétienne partagée entre un mari et des enfants qui les adorent. Ne nous laissons pas éblouir par le faux éclat des parures, des couleurs des femmes dont la vie est tourmentée, courte, et la rare vieillesse sèche et solitaire.

Regarde et vois autour de toi. Dans nos provinces du Centre, il n'existe pas du tout de ces femmes de petite vertu. Tu vois bien qu'il y a lieu d'avoir confiance et de se réjouir. D'abord tu sais bien qu'il y a en tout du bon et du mauvais — sauf dans les romans qui sont stupides, car ils sont une déformation de la vie. Soyons du parti de Dieu qui est celui du bonheur et de la gaieté saine et franche. Par conséquent, il faut à tout prix bannir de ton esprit le pessimisme qui est une maladie. Tout acte de la vie a, comme les médailles, deux faces. Mieux vaut voir la bonne que la mauvaise. Médite ce quatrain très juste :

Par le meilleur côté, tâchons de voir les choses;
Vous vous plaignez de voir les rosiers épineux?
Et moi je me réjouis et rends grâce à Dieu
Que les épines aient des roses.

Il y a aussi deux catégories de gens : Ceux qui disent : c'est assommant, que d'épines pour cueillir cette rose ! 2° Ceux qui pensent : chouette ! Dieu est bon, aux épines il a mis des roses. Pour être bon chrétien, pour être logique, pour être heureux, il faut être de la deuxième catégorie, vous m'entendez, sœurette ?

Ce découragement, je vais te dire d'où il vient en partie : de ce mauvais Loti. A ton insu, il t'a intoxiqué, il t'a donné le pessimisme qui pénètre tous ses livres. Lui-même avait une peur effroyable de la mort, et comme il n'a pas su être chrétien, il a souffert stupidement toute sa vie. Ce n'est pas un auteur sain, parce que c'est un pessimiste. De même Musset, dont je te parlerai quand tu seras avec moi. Il faut bannir ces influences et lorsque tu lis un roman, il faut que tu t'enfonces cette idée dans la tête : ce qu'il y a dedans n'est jamais arrivé. L'auteur a forgé sa petite histoire dans le silence d'un cabinet de travail. Combien plus passionnante, plus vraie est l'histoire de France. Maintenant, je vais t'offrir quelques remèdes. Profite de mon expérience, il n'y a pas si longtemps que j'ai eu ton âge :

1° N'oublie pas que tu es heureuse parce que tu as de bons parents qui t'aiment intelligemment, qui te déchargent des soucis matériels, parce que tu jouis d'une instruction et d'une éducation excellentes.

2° Evite l'inaction ; je redoute pour toi ce mois de liberté. Fais des travaux manuels, travaille, entoure maman de mille prévenances ; le soir, prépare l'arrivée de papa longtemps à l'avance ; songe que de son travail dépendent trois êtres, et devant Dieu rien n'est plus grand.

3° Surveille ton imagination, ne la laisse pas vagabonder ; car elle suscite des langueurs et enlève le goût si sain de l'action.

4° Ne lis pas, ou peu. Dis plutôt, tout comme moi, de longs chapelets pour occuper les loisirs. Je compte sur ta parole pour ne jamais ouvrir ma bibliothèque de jeune homme. Je presserai papa d'acheter les livres dont maman lui a parlé.

5° Va souvent chez les M..., chez les T..., c'est un bon milieu et souvent aussi à l'église pour demander de vivre sans tache dans ce mauvais monde que tu côtoies.

De la gaieté... là est la santé, chère Simone. Par la pensée, je te suis dans la rue et je suis fier de toi. Le silence, le mépris, voilà comment il faut répondre aux mauvais regards, aux paroles insolentes des rues de Paris. Tu es supérieure à ceux qui t'entourent. Fais honneur à ta famille, à la croix de ton père, à la Légion d'honneur.

Si dans un mois je juge que tu as suivi mes conseils, si je te retrouve telle que Saint-Denis a dû te former, je te promets de te donner, de te choisir une jolie collection de livres qui te feront du bien. Haut les cœurs ! Prends modèle sur notre bonne mère ; tu ne pourras pas faire plus de plaisir à ton grand frère qui aime beaucoup sa grande sœurette.

FRANCIS.

Bris-sur-Forges, 1923.

A son ami Jean Comoy
pour la mort de son père.

Mon bien cher Jean,

Je voudrais éloigner de moi les termes de condo-
léances banales pour laisser parler mon cœur dans un
pareil malheur ; le silence vaut les plus pressantes
manifestations, aussi, dans un serrement de mains, je
voudrais te dire la peine que m'a causé le deuil qui
te frappe si brutalement. Si la grande part que je
prends à cet affreux événement pouvait apporter quelque adoucissement à ta douleur, je bénirai notre
amitié.

Je suis sûr que tu supporteras l'épreuve en chrétien
pour qui toute séparation est de si courte durée.

Ah ! je sais ce que l'on perd dans la personne de
nos chers papas qui dissimulent un cœur d'or sous
des abords un peu rudes. Lui que je vis il y a moins
de dix-huit jours encore très alerte, Dieu l'a rappelé
au moment où il pouvait jouir du repos, de sa famille
qu'il éleva dignement. De là, il ne vous oubliera pas.

Hélas ! en accordant toute notre activité aux occu-
pations terrestres, nous nous laissons surprendre par
les grandes séparations qui nous laissent désemparés !

Dans la solitude de B..., j'apprends sans effort
— la campagne en automne, le déclin de la nature
sont si éloquents ! — à considérer la mort comme une
épreuve, une séparation passagère, et, en nous incli-

nant devant la majestueuse parole : *Fiat voluntas tua,* nous trouverons une consolation.

Encore une fois, mon cher Jean, crois à mon amitié qui voudrait se dévouer et à mon sincère chagrin. Pour toi, je dirai à Dieu une fervente prière.

Ton ami pense à toi souvent, durant cette grande épreuve.

FRANCIS.

*A sa sœur, pensionnaire à
la Légion d'honneur de Saint-
Denis.*

Ma chère Simone,

Je te remercie des timbres que tu as glissés dans ta dernière lettre, ils enrichiront ma collection.

J'espère que les résolutions que tu y as jointes ne resteront pas lettres mortes. J'espère seulement, et n'affirme rien... Il faut absolument ôter de tes pensées tout ce qui ne cadre pas avec le but prochain. On ne travaille vraiment bien, c'est-à-dire de façon *soutenue,* sans à-coups, que lorsqu'on n'a pas d'autre idée en tête. Par conséquent, je n'hésite pas à te demander de réfréner ta sensibilité, lorsque, prenant le tour romantique, elle se manifeste par de vagues et inconsistantes rêveries toujours amollissantes. Il faut à tout prix avoir de la volonté et éviter tout ce qui peut l'affaiblir. Tu n'es pas assez calme, je dirai même scientifique. Délaisse les tirades sur le printemps, les violettes, etc..., choses charmantes il est vrai, mais seulement lorsqu'on n'a pas autre chose à faire. On ne vit pas d'amour et d'eau fraîche, et à marcher en scrutant les nuages, on risque fort de heurter un bec de gaz. C'est pour t'épargner de gros ennuis que je te rappelle à l'ordre et te prie d'occuper même tes loisirs à te corriger, à travailler.

Beau temps printanier ici. J'ai reçu d'excellentes crêpes, la spécialité de maman. Elles étaient fines et très bonnes. Devine ce qu'il y manquait, à part un peu de fleur d'oranger ? Ce même sucre en poudre que ce bon papa est obligé d'arracher par un sourire des mains vigilantes et économes de notre chère maman. Dame ! maman est maîtresse chez elle, dans son intérieur, dans sa cuisine, et ce brave papa doit lui obéir dans ce domaine...

Maman m'écrira le détail de sa réception de mercredi, qui sera certainement réussie. A nos invités, côté messieurs, mon meilleur souvenir, et mes hommages à la corbeille de dames.

Je t'embrasse de tout mon cœur. Ton grand frère qui t'aime bien.

FRANCIS.

S..., 17 février 1924.

Ma chère Simone,

Quelques mots à la hâte pour te prévenir que l'anniversaire de papa tombe le 22. N'oublie pas de lui écrire à cette occasion, il ne faut pas perdre l'occasion de resserrer les liens familiaux et protester de ton amour et de ton obéissance.
Je t'embrasse tendrement.

FRANCIS.

S..., février 1925.

Mon cher papa,

La mi-février nous rappelle à nos devoirs. Je viens avec toute la famille fêter ton anniversaire et te souhaiter une santé toujours robuste et je délègue maman pour t'embrasser et bien faire les choses. Surtout pas de considérations mélancoliques ; je t'entends d'ici : « déjà 55 ans, me voilà vieux ! » Or, c'est tout à fait faux ; ton âge en politique est celui de la jeunesse des hommes d'avenir ; dernièrement, on demandait à Clemenceau ce qu'il pensait du Car-

tel des gauches, il répondit : « Je les use ». L'âge
officiel ne signifie rien ; au temps où tu naissais, Clemenceau était député communard et Foch sous-lieu-
tenant. L'un et l'autre n'ont pas dit leur dernier
mot. Quant à Anatole France, à 75 ans il se compor-
tait vigoureusement. Donc, pas de regrets intempes-
tifs.

Vous allez nager dimanche dans la joie et le bon
pinard. Je t'embrasse de tout mon cœur, en ce jour,
plus que maman, — quitte à me rattraper le 15 août
prochain.

FRANCIS.

*Passage d'une lettre à sa
mère.*

. . . .

...Tu la retrouveras ta bonne gaieté que tu nous
a passés quand nous étions petits. Regarde depuis
août, les nombreuses grâces souvent inespérées dont
nous avons bénéficié.

Va, ma chère maman, dis-moi quand tu souffres, je
t'écouterai toujours avec tant de respect et comme je
t'aime, même un peu plus que papa, je ne te donnerai que des motifs de joie. Et puis je suis un
homme de bientôt 19 ans et nous autres nous défen-
dons nos mamans toujours contre tout et tous. N'est-
ce pas que c'est tellement naturel. Aux filles de défen-

dre leur papa. Mais les garçons *adorent leur maman.*
Vois-tu pour nous tous, je l'ai bien remarqué chez les
autres aussi, une maman est la seule femme qui ne le
soit pas! La force qui entraîne toujours la brutalité
en paroles et en action est pour nous. Nous en défen-
drons nos mamans. Et pour dernier argument, nous
sommes Français.

Tu sais, ma chère maman, que je garde toutes tes
lettres ; elles le méritent.

Puisque tu n'as plus les raccommodages de Francis
et de Simone, remets-toi au piano, visite beaucoup
cousine Henriette, les D..., J..., tous nos amis. Dis-
trais-toi. C'est la première fois depuis que je suis né
que tu as tant de loisirs. Je serais si heureux de te
savoir redevenir gaie...

. . . .

Hauteville, 26 mai 1924.

Ma chère Simone,

Je te remercie des vœux que tu m'adresses pour
mon anniversaire, je vois que tu n'oublies pas la tradition, il ne faut jamais laisser passer ces dates-là ;
c'est une occasion de faire le point, comme disent les
marins, se recueillir, faire le bilan du passé et tracer
l'avenir. Pour le moment tu n'as pas à hésiter. Tu
as un but prochain à atteindre : le brevet. Il ne faut

pas le perdre de vue, fut-ce une seule minute. Les raisons ne sont plus à énumérer. Tu comprends la signification du mot *devoir*. Par-dessus le marché, ton intérêt coïncide avec ton devoir.

Je t'envoie quelques cartes pour te donner la physionomie des montagnes du Jura dont certaines vallées ressemblent aux cânons américains.

Après l'examen, il faudra aller souvent à l'Exposition des Arts décoratifs et t'y instruire. C'est une occasion unique ; il s'y trouve réuni tout ce qui intéresse les arts décoratifs et industriels, avec leurs derniers progrès et pour tous les pays. Il faudra la visiter avec méthode. Tu auras l'occasion d'y exercer ton goût et de reconnaître les caractères et tendances des styles nouveaux : tapisseries, meubles, verrerie, ferronnerie, etc., décorations de toutes choses.

Mais pour l'instant, au travail ! Pour ton avenir, ton bonheur, pour ton papa, ta maman, ton frérot, en avant ! Concentre tes forces vers le but. J'ajouterai même parmi les avantages du succès, les satisfactions d'amour-propre. Mais ceci doit être secondaire.

Je t'embrasse de nombreuses fois.

FRANCIS.

Hauteville, 5 juin 1924.

Simone,

Je ne suis pas content des nouvelles que m'apportent tes deux dernières lettres, elles prouvent un manque de volonté et de confiance en soi. Il ne s'agit pas de se résigner, de prendre son parti d'un échec; tout échec doit être analysé froidement afin d'en découvrir les causes à éviter à l'avenir. Compris ainsi, l'échec a sa valeur. Les causes ne doivent pas être cherchées dans le peu de mémoire ou d'intelligence. C'est trop commode de rejeter ainsi toute responsabilité. La cause c'est le manque de méthode (d'une règle), de volonté. Je te dis ces quelques vérités parce que je t'aime bien et pour te permettre de faire mieux à l'avenir. Nous verrons après l'examen. Alors la valeur respective des faits aura changé. Mais, pour le moment, rien n'existe à côté de ce brevet. C'est l'état d'esprit qu'il faut pour réussir.

Je t'envoie quelques jolies vues des environs d'H..., elles ont un grand charme, calme et doux à la fois, sain et énergique; la montagne est un professeur d'énergie. La forêt de Meyrat que je t'envoie possède toutes ces qualités; elle est, suivant les endroits, drue ou claire, plate ou accidentée. Et ces sapins qui embaument! Comme dans tous les pays de montagne, la végétation y est peu avancée et maintenant c'est à peine si le lilas y fleurit; le muguet ne va pas tarder. Mais dès que le mouvement est donné tout se développe beaucoup plus vite que dans la plaine, l'été durant peu.

Tu aimes, je crois, les sciences naturelles et c'est fort bien. Tu serais contente ici ; pour garnir un herbier, on a l'embarras du choix ; beaucoup de fleurs dans les vallées, sur les pentes, dans les forêts de sapins. Les espèces changeant suivant l'altitude et l'exposition au soleil et aux vents dominants. Les narcisses répandent dans la vallée leur parfum entêtant et entêté. Dans les sapins plus haut, sur les flancs des monts, de modestes violettes.

J'ai trouvé ce matin de jolis muguets à la lisière d'un bois de sapins, je te les envoie avec mes meilleurs baisers.

Ton Francis.

H..., 20 juin 1925.

Ma chère sœurette,

Allons, je veux croire qu'en vieillissant tu as fait comme le vin de Bordeaux, que tu t'es bonifiée.

A 16 ans on voit déjà se dessiner une personnalité. Ne singe aucune attitude, ne copie rien, sois toi-même et pour cela concentre-toi, réfléchis et tu trouveras.

Pour le moment, il faut aller au brevet avec l'enthousiasme des soldats de l'an II allant à la bataille. Pose tes batteries, en l'espèce acquiers le plus possible de connaissances et que tout soit clair ce jour-là. Il faut mettre de ton côté le maximum de chances de réussite et la préparation morale est essentielle, elle te permet de bien assimiler les connaissances diverses, en préparant le terrain qui doit les recevoir. Lorsque tu ouvres un livre ou un cours de math ou de science, en général, ne prends pas un esprit résigné, fataliste, convaincu de la défaite. Au contraire, raffermis-le ; lis avec le regard clair, tranchant et calme du clinicien, de l'homme d'affaires. Tâche de classer la question dans tel chapitre déjà connu, de ramener la question à une question d'ordre plus simple. En somme, procède avec méthode et sang-froid, ce sont les qualités dont on manque en France... et chez les jeunes filles.

Bonnes bises.

Ton Francis.

H..., 1er juillet 1925.

Petite sœur,

J'espère que tu passes dans la joie cette veillée d'armes qu'est ton brevet.

Ici, le temps s'est stabilisé au beau. Nous goûtons

la splendeur des jours d'été, la profusion de chaleur et de lumière :

Midi, roi des étés étendus sur la plaine,
Tombe en nappes d'argent des hauteurs du ciel bleu.

Heureusement tout est vert aux alentours des sapins, des montagnes aux prairies des vallées. Nous jouissons d'un été superbe et j'en profite, j'excursionne beaucoup. J'ai trouvé l'autre jour un trèfle à quatre feuilles que je t'envoie, non à titre de porte-bonheur, mais plutôt à titre de curiosité. La chance c'est toi qui la créeras, qui la forceras par ton énergie. Ce ne serait vraiment pas juste si on devait la réussite à un malheureux trèfle qu'une infirmité a affligé d'une feuille de plus.

Je t'embrasse, sœurette, en te recommandant de penser à ton avenir, à ta situation future, à tes parents.

FRANCIS.

H..., 15 juillet 1925.

Ma chère Simone,

Lorsque tu recevras ma carte tu auras fini la moitié de l'écrit. Aussi bien, n'ai-je plus de conseils d'ordre général à te donner. Si tu as suivi ceux que je t'ai ressassés, tu n'as aucun doute à avoir sur le résultat, car ces conseils englobaient toutes les matières en visant à te donner une règle, une méthode jusque dans tes pensées. Ainsi on apprend à savoir travailler, c'est-à-dire à faire dans le minimum de temps le maximum d'étude. On chasse toute préoccupation, toute pensée étrangère au sujet fixé que l'on aborde froidement, sans enthousiasme comme sans dégoût. C'est une habitude qui ne demande qu'un peu de bonne volonté. A bien y réfléchir, c'est une règle naturelle; car un homme civilisé doit être maître de son cerveau, donc de ses pensées et pouvoir les concentrer, les diriger, les passer au crible en vue d'un but reconnu bon.

Chacun de notre côté, nous faisons notre devoir. Voilà qui vaut mieux que toutes les stériles pleurnicheries.

Te voilà présentée par la Maison qui t'honore ainsi de sa confiance. A toi d'en être digne et de faire triompher ses armes dans le tournoi qui va s'ouvrir.

Avant tout, du sang-froid : ce n'est pas terrible. Je regrette que les grosses chaleurs vous accablent en ce moment. Tâche de réagir vigoureusement contre la mollesse qui en résulte.

Dans les monts du Bugey les chaleurs ne sont pas très incommodantes, car les nuits apportent toujours un peu de fraîcheur et la vue des sapins est désaltérante.

Je me souviens du sujet de rédaction qu'on vous a donné : « Un philosophe va trouver un berger, etc... » Notre vieil ami, le Docteur Sicard, répondait dans ses lettres comme le vieux berger lorsqu'il disait que l'étude du brin d'herbe et de l'oiseau apporte et la science et la joie. Je te traduis textuellement une phrase de la dernière lettre du bon Docteur : « Bon courage à Mlle Simone et qu'elle n'oublie pas que la science du ménage est plus belle que les élucubrations d'un quelconque analyseur de caractères, scruteur de pensées et coupeur de fils en quatre ». C'était un peu l'avis de Molière : « Une jeune fille complète doit être aussi à l'aise dans sa cuisine que dans son salon ».

Ton frère qui t'aime et veut ton bonheur.

FRANCIS.

26 juillet 1925.

Hip, hip, hip, hurrah my kind, nice sister. Voilà qui est énergique. Mes compliments. Et je pense avec attendrissement qu'au même âge je passais le bac. Papa se souvient-il du vieux bock pris à la terrasse d'un café, boulevard Saint-Germain ?

Pour te prouver mieux que mon amour, mon estime, je t'envoie un vigoureux shake-hand.

Des détails, s. v. p. En vitesse, allez au vert.

FRANCIS.

H..., 24 août 1925.

Mes chers parents,

Vous voici donc tous les trois réunis, savourant la douceur des vacances bien gagnées par tous.

Depuis mardi dernier la pluie ne cesse de tomber. Je profite des accalmies pour monter dans les sapins qui sentent rudement bon après une averse. J'espère que le temps est plus clément dans la Gironde, afin de permettre de bonnes promenades dans les pins qui entourent Saint-Christoly et dont Simone ne me parle guère, les trouvant peut-être peu attrayants. Pourtant ce n'est que là qu'elle trouvera la plus grande somme de bonheur, car le bonheur c'est le calme, la paix, l'harmonie. Là, vous pourrez goûter la joie intense du succès.

Vous pouvez toujours courir après le monde pour lui demander de vous étourdir, de vous donner quelque plaisir. A côté d'un mince plaisir, vous encaisserez pas mal de déboires, de désillusions. Ayez le courage de rester seul avec vous-même, en silence, une heure ; ayez le courage de vous regarder penser et agir et la puissance que vous acquerrez sur vous-même, vous donnera un plaisir auprès duquel les autres vous sembleront fades. Et après une méditation, allez en compagnie et vous remarquerez que vous vaincrez tous les obstacles et que vous dominerez les autres : ces victoires procurant encore une joie intense.

Je connais maintenant avec quelques détails les

projets d'avenir de Simone. Il faut décider, paraît-il, d'ici la rentrée. La chose est très grave et influera sur toute une vie. Je demande que Simone dresse une sorte de mémoire de ces raisons tant d'ordre pratique et matériel que d'ordre moral et sentimental en classant les arguments « pour » et les arguments « contre », selon l'importance relative qu'elle croit devoir leur donner. Qu'elle sache faire ce travail comme un arbitre impartial, comme si elle n'était pas « partie dans cette affaire » et qu'elle m'envoie cela dans une quinzaine. Bien entendu, cette dissertation n'aura quelque valeur que si elle est le fruit d'un esprit calme, viril et fort, et après une longue méditation. Si les flons-flons du bal l'influencent, elle ne fera rien de sérieux. Il faut se distraire, mais le domaine de la distraction ne doit pas empiéter sur celui du travail. Donc, j'attends cet exposé. Aux raisons que Simone invoquera, je verrai ce qu'il vaut, à condition, bien entendu, qu'elle mette son cœur à nu.

Aussi bien, voyez-vous, là est la grosse question. Notre but, c'est le succès dans la voie qu'elle va choisir. Or, le succès dépend avant tout de ce qu'elle a dans le cerveau et dans le cœur, non pas de ses connaissances en math, géogr. ou français, mais de la fermeté de sa volonté, de son opinion de la vie, de ce qu'il en faut faire. A-t-elle foi en la méthode, en la discipline des pensées pour augmenter le rendement du travail ?

Quelle attitude opposera-t-elle aux embûches qui seront la monnaie quotidienne de la vie de Paris, que la claustration de la Légion d'honneur lui fait sûrement voir sous un jour uniformément rose ?

Croyez-moi, tout est là. Si elle a la tête solide, tout

marchera à merveille, parce que cela est à la base de tout et les succès aux examens ne sont que l'aboutissant nécessaire de la *vie intérieure* que vous avez su mener. Le succès extérieur va à ceux qui ont su se vaincre intérieurement en des combats dont personne n'a été témoin — que Dieu —. A ceux qui ont su ainsi vaincre les suggestions molles, va la santé morale, physique, la réussite de toutes leurs entreprises.

Et ceci n'est pas du puritanisme. Il ne s'agit pas d'être triste ; la tristesse est le signe des cerveaux ou des corps malades. Les esprits sains aiment la joie, les frivolités même, mais en leur laissant dans leurs pensées le grade de frivolité et la place qu'y doivent occuper les frivolités. Il s'agit, en somme, d'évaluer toute chose à sa juste valeur.

Donc, que Simone ne se laisse pas griser par la liberté et que papa et maman ne croient pas qu'il suffira d'une impeccable conduite extérieure pour arriver au succès. Non, l'important se passera en dehors d'eux, dans la tête de Simone et rien ne le décèlera que, finalement l'insuccès, si ce qu'elle pense est faux.

Aussi bien ne lui demande-t-on que d'envisager les choses comme elles sont, de ne sombrer ni dans la sécheresse ni dans le romantisme.

J'ai touché le nœud vital, la raison première des actes de ce que l'on appelle la chance.

Même pour éviter les maladies, pensez droit, pensez juste.

Pascal l'a dit, il y a bien longtemps : « Apprenez d'abord à bien penser, c'est là le principe de toutes choses. » L'autorité de Pascal me dispense de vous affirmer que tout ceci n'est pas de vagues élucubrations, nébuleuses et ennuyeuses.

Reçu les photos dont je vous remercie. Reçu aussi aimables lettres de Mme de Ronville, de Paul Delpech, de Jeanne Perrinet, et je remercie papa de sa lettre énergique de jeudi dernier.

Ci-joint une recette de cuisine. Il faut que nos dames renouvellent leurs connaissances sur ce chapitre, et je vous envoie mes nombreux et ultimes baisers.

FRANCIS.

H..., 27 septembre 1925.

Mes chers parents,

Vos lettres m'ont fait beaucoup plaisir : outre les nouvelles de vos santés elles témoignent d'un excellent moral, celui qu'il faut pour être heureux et réussir dans tous les domaines. Ce début d'année de travail s'annonce sous les meilleurs auspices parce que notre esprit est ferme. La vie est faite de travail et de loisirs. Prenez l'emploi du temps de Dieu : six jours de travail pour la création et un jour de repos. Lorsqu'on est au travail, s'y donner tout entier, avec toutes ses facultés. De plus, il est stupide de gémir lorsqu'un obstacle se présente. C'est perdre un temps mieux employé à regarder en face la difficulté et à étudier les moyens de la résoudre. Un premier obstacle franchi, vous avez déjà une expérience à votre actif, précieuse pour surmonter le prochain qui se présentera sûrement. Et notre expérience s'enrichissant, ce sera un jeu de surmonter les difficultés suivantes. Tout est action. L'action ennoblit, fait rendre le maximum à nos facultés, et ce faisant, rapproche de Dieu. On y trouve même une jouissance qui fait paraître les mollesses à la mode bien fades.

Ma santé excellente, je profite des derniers beaux jours. Avant-hier, visite à l'excellent Curé de Cormoranche-en-Bugey, qui a une bonne eau de noix. Quelques jours avant j'ai revu ce vieux Mont-Blanc que j'eus l'honneur de te présenter, cher Pérotte, voici un peu plus d'un mois. Nous avons l'intention de faire un grand circuit. Ce circuit comprendrait un pèlerinage à Ars, au saint Curé canonisé dernièrement, retour par Bourg et Châtillon-en-Chalarogne où mourut Saint François de Sales.

Je vois que vous avez passé de bonnes vacances à Royan. Qu'en disent nos chères naïades, maman et Simone ? Ont-elles aperçu les serpents de mer, au cours de leurs ébats ? Cet animal apocalyptique apparaît régulièrement à l'époque des vacances à ces malheureux reporters en mal de copie.

Je termine et j'embrasse mon cher trio avec tout mon cœur.

FRANCIS.

H..., 27 novembre 1925.

Ma chère sœurette,

Je vais pouvoir répondre comme il convient à tes bonnes lettres. Nous avons aussi un beau froid sec après deux jours de neige; beaucoup de gens se promènent en skis et l'on rencontre partout luges et bobsleighs; de nombreux Lyonnais quittent leur ville le samedi soir pour se livrer le dimanche, ici, aux sports correspondants, sur les magnifiques emplacements réservés sur les montagnes.

Il ne faut pas, Simone, trouver extraordinaire de rencontrer des difficultés au début des nouvelles sciences que tu abordes, c'est tout à fait naturel. Il serait plus anormal que tu ne persévères pas, ce que je ne crains pas, heureusement. Tout travail demande un effort. D'ailleurs, c'est un entraînement; les premières difficultés vaincues te permettront de surmonter les obstacles à venir, tout comme la démonstration d'un théorème du 3ᵉ livre suppose la connaissance des théorèmes des livres précédents.

Je vais te répéter deux règles dont il faut absolument que tu te pénètres, si tu veux travailler avec fruit; elles paraissent négligeables parce que simples et évidentes, mais c'est en essayant de les appliquer loyalement qu'on reconnaît quelle attention elles exigent.

Les voici : 1° bien faire ce que l'on fait; 2° finir ce que l'on a commencé.

Il n'est pas nécessaire de se fixer d'emblée un but

élevé, difficile. Non, mieux vaut au début cette discipline se fixer un objectif modeste. Alors la joie de l'avoir atteint donnera un élan, une impulsion vers un autre un peu plus difficile. Et ainsi on arrive insensiblement — à condition d'être persévérant — aux buts qui paraissent inaccessibles au premier abord. C'est pour beaucoup le secret des hautes fortunes.

Tu ne sais pas quoi dire à Mme G... Mon Dieu, tes lettres n'ont pas besoin d'avoir la dimension d'un feuilleton. Deux pages de bon anglais bien raisonné valent mieux que quatre pages de « cafouillage ». De plus, en général, une lettre est quelque chose de vivant, d'intime, de naturel ; il faut donc bannir le ton doctrinal, les dissertations qui ne doivent avoir place que dans les cours ou les livres. L'actualité, la vie toute intime qu'extérieure, doit en constituer le fond. On peut quelquefois relier cette actualité au passé (auteurs classiques, etc...) par des citations, des remarques, sans toutefois en abuser pour éviter la pédanterie.

D'ailleurs, une définition exacte ne peut en être donnée. Par intuition, les femmes sentent ce que doit être une lettre et elles ont montré qu'elles s'y entendaient mieux que nous. Voir Mmes de Sévigné, de Lafayette et celles qui tenaient ces fameux salons des XVIIe et XVIIIe siècles et dont le genre enjoué se rattache au genre épistolaire : les salons de l'Hôtel de Rambouillet, Mme du Deffaud, etc. D'ailleurs je t'invite pour préciser cela dans ta mémoire à rouvrir le Desgranges, les salons y font l'objet d'un chapitre.

A ton âge, je voudrais sentir dans tes lettres la joie vibrante que procure l'acquisition de nouvelles connaissances et dans toutes les matières, sciences ou lettres. Tout ce qu'on t'apprend ce n'est, en somme, que de la vie ; les productions des meilleurs des hommes, les secrets arrachés à la nature. On t'initie à ce qu'il y a de meilleur, de plus humain dans la vie. Je voudrais sentir chez toi une admiration enthousiaste, une sorte de passion qui n'exclue pas l'amour des fleurs et du soleil et qui serait à tout prendre l'indice d'une riche vitalité. Il y a des savants qui ne sont pas du tout revêches, bossus, bancals, binoclars et touffus. Un écrivain dont Desgranges parle, Fontenelle, a écrit sur un sujet ardu, l'astronomie, un livre délicat : « Entretiens sur la pluralité des mondes ». Il expose ces austères principes d'une manière si agréable qu'il intéressait la Marquise, friande de ses entretiens.

Je m'informerai, petite sœur, pour le matériel de gravure sur bois ou plus simplement sur linoléum, ce qui donne le même résultat en coûtant moins cher.

A Noël, chère Simone, le plaisir de t'embrasser pour tout de bon.

FRANCIS.

H..., 13 décembre 1925.

Ma chère sœurette,

Je descendrai de mes montagnes le 30, sauf contre-ordre et ce sera avec joie que je retrouverai ce bon vieux Paris et la chère famille qu'il abrite. De plus, les surprises dont tu me parles à demi-mot me mettent l'eau à la bouche : c'est déjà trop, petite bavarde ; les surprises pour rester telles ne doivent pas même être soupçonnées.

Le froid a été vif ces temps-ci, mais cela n'est pas pour me déplaire.

Bons baisers. A bientôt.

FRANCIS.

Sainte-Colombe, 29 avril 1926.

Ma chère Simone,

J'ai été heureux du ton de ta lettre ; l'allure y est relevée, énergique, à la française. Mais peut-être n'est-ce qu'un heureux état passager. Le méritoire, c'est de maintenir un pareil état ; à la force du poignet rendre permanent ce qui est éphémère. Pour cela on doit chercher à recréer les conditions, façon de penser, qui vous animaient au moment que l'on voudrait voir se prolonger. Crois bien que les gens énergiques doivent, pour rester tels, soutenir des batailles aussi nombreuses qu'il y a d'actes à effectuer dans le cours d'une journée. Mais aussi, quel résultat exaltant !

Peut-être un certain passage de ta lettre prenait-il un tour un peu grandiloquent. Mais je préfère ça au « je m'enfichisme », à la mollesse stérile. Ta situation n'a rien d'extravagant et tes combats nullement comparables aux orages qui déchiraient les Horaces et les Curiaces. Comme disait cette petite brute d'Horace en parlant « du sort », nous dirions, nous catholiques, « Providence » :

Hors de l'ordre commun, il nous fait des fortunes

Fort heureusement, ce que tu as à vaincre ne se place pas « hors de l'ordre commun » et ne dépasse pas les forces d'une « Française moyenne ».

Je sais bien, d'autre part, que les combats qu'on livre intérieurement à la mollesse, à la lâcheté spirituelle, sont souvent plus durs que les victoires à remporter sur les autres, sur le travail. Mais aussi ils sont payés d'un salaire autrement élevé et d'ailleurs n'ayant aucun point de comparaison avec l'argent.

Il n'y a que deux voies à suivre : celle de l'abandon tant moral qu'intellectuel, et celle de l'action, de la force, du refoulement des instincts. L'une aboutissant à la mort par petites étapes, l'autre à l'épanouissement. Vieille distinction aussi vieille que le temps, si on peut dire, à la base de la religion chrétienne : le bien et le mal, et ces deux termes entendus dans un sens très large. Le bien étant par exemple le fait de donner deux sous à un pauvre (*niaise illustration du bien, pour le certificat d'études*), mais une saine occupation de l'esprit. Et justement cette orientation se manifeste dans chaque acte de la vie jusque dans les minimes : c'est elle, en particulier, qui suggère de donner ces deux sous au pauvre. Mais cet acte bon n'est que le résultat, l'effet du bien. Autre chose est la cause qui réside dans le cerveau et le cœur.

Tu es embarquée sur la bonne voie, il faut la suivre coûte que coûte et cela te semblera de moins en moins difficile à mesure que les victoires s'accumuleront.

Et n'exagérons rien, il est encore plus beau de trouver tout naturel d'être courageux, — de l'être sans phrase.

Je réponds maintenant aux classiques dont tu parles.

Evidemment, Michelet n'est pas Hugo, pas plus que Racine n'est Pascal. Chacun a son tempérament. D'où la sottise de se laisser emballer par un auteur particulier, que l'on plaquera pour un autre au bout de quelques mois. Mieux vaut être assez fort pour pouvoir discuter ce qu'on lit, discerner le juste du douteux et du faux, qui existe dans chaque auteur. Et c'est très facile quand on a comme solide pierre de touche, le dogme catholique, pour les idées et le bon goût, pour la forme, soit : une idée a des chances d'être vraie lorsqu'elle n'est pas en opposition avec le dogme catholique, éprouvé depuis 2.000 ans.

Il y a une pointe de mauvais goût dans « Hernani » ; cette hécatombe finale, au son des plus romantiques des cors ; ses personnages tombent comme des mouches.

Ça me fait penser par ricochet aux pièces où il faut toute une scène pour dire « j'ouvre la porte » et tout un acte pour murmurer « je t'aime », où les personnages ne peuvent s'aimer sans compliquer les choses, « grandiloquer » et « s'entr'égorger ». Résultat : gens intoxiqués, compliqués, qui remplissent les colonnes des faits divers des journaux de drames bien inutiles.

Quant à Michelet, ce sont ses idées qui sont sujettes à révision : il fait souvent du panégyrique ou de la polémique dans l'histoire qui ne devrait connaître qu'une critique rationnelle, impartiale, étrangère aux passions de l'auteur. On possède aujourd'hui mille faits (valant mieux que des discours) prouvant que son amour de la résolution l'a entraîné à commettre des erreurs de jugement.

Mais pour le moment, ce n'est pas ton affaire. Apprends à bien juger.

Le temps est affreux et ça dure. A Pentecôte, lorsque tu viendras, tu seras enchantée par ma résidence actuelle. Un pays vallonné à souhait, boisé itou, cultures variées, fruits, enfin un chic paysage d'Ile de France, mesuré, équilibré. Les bois eux-mêmes restent dans le bon ton, ni trop touffus, ni trop clairsemés. Les arbres sont en fleurs et n'était cette pluie ce serait ravissant.

J'ai bien l'air fat sur cette photo ; pour ne pas accuser les rides du soleil, je fermais les yeux.

Je t'embrasse de tout mon cœur.

FRANCIS.

Au Docteur Sicard.

Sainte-Colombe, août 1925.

Cher Docteur et ami,

J'ai bien tardé à répondre à votre lettre. Pourtant elle contenait, comme beaucoup des précédentes, quelques enseignements pratiques pour la conquête du bonheur. Ce bonheur vous l'avez sûrement trouvé dans la paix, la paix agreste et la paix intérieure et votre existence s'écoule belle et utile comme les eaux de la bonne rivière de Seine, bien nommée. La vie actuelle ne laisse pas de place à la méditation, et pourtant, rien de tel que d'être seul avec soi-même pour raffermir son courage, retremper ses armes et produire un travail meilleur. Même les grandes actions, l'action sont le fruit de méditations. Mais qu'il est difficile d'être en paix avec soi-même. Quand je la tiens je me sens heureux, mais elle est si fragile.

Donc, votre coquette ville mollement étendue sur les rives de la Seugne, n'a pas d'histoire, ni des histoires, la proportion de gens heureux doit y être plus forte qu'à Paris et M. le sous-préfet enchante.

La fin juillet nous a apporté quelques consolations. Simone a passé deux examens de façon brillante, nécessaires pour la carrière qu'elle désire embrasser. Puissent ces obstacles avoir éduqué sa volonté. Elle aura tant besoin d'avoir la tête solide dans le monde où elle va entrer, je suis son évolution de loin. Des habitudes de penser bonnes et mauvaises qu'elle con-

tractera lors de ses 17 et 18 ans, dépendront la conduite et l'utilité de sa vie. Comme Pascal a raison :
travailler à bien penser d'abord ; le reste vient par
surcroît. Pensez droit et vous voilà mieux armé, votre
rendement augmente, votre organisme même réagit.

Les voici tous à Saint-Christoly et ils iront vous
voir sûrement, de là ou de Royan où ils passent une
partie de septembre.

Depuis hier nous avons la pluie, mais ne nous plaignons pas trop ; le beau et le mauvais se partagent
le temps à peu près de moitié ; la proportion est honorable. Et puis la campagne sent rudement bon après
une averse.

Voici vos gros travaux terminés, votre bibliothèque vous verra plus souvent lisant et travaillant.

Au retour de mes parents, nous parlerons longuement de vous et des embellissements dont vous dotez
votre demeure presque tous les ans.

Je vous quitte, cher Monsieur, en vous envoyant mes
bonnes et respectueuses amitiés auxquelles je joins
mes hommages pour Mlle Sicard.

Au Docteur Sicard.

Sainte-Colombe, 1925.

Cher ami,

Je tarde bien à venir vous féliciter, car voici de longs jours que vous avez été élu au premier tour. Comme il s'agit d'élection municipale, ce succès est surtout un hommage rendu à votre exemplaire vie privée toute de modestie, de silence et par conséquent de travail, et aussi à votre expérience d'administrateur et de médecin. La politique pure tient une place plus restreinte dans les élections municipales que dans les scrutins plus étendus.

Ma santé est meilleure, mais que c'est long et que je voudrais me « grouiller », travailler. Cette vie prolongée de demi-repos devient un supplice. Aussi je sonne le ralliement de toutes mes forces morales pour chasser le moindre accès de défaitisme et jouer une carte décisive.

L'idée de la mort ne doit pas empoisonner ce qui nous reste à vivre. Toutes les pensées à effets déprimants, je les chasse violemment et j'ai constaté sur moi-même et sur les gens hypersensibles, que ce qui agite le moral, réagit dans le même sens sur l'état physique. Jusqu'à présent je le savais, mais ne le croyais qu'à demi.

J'ai lu simplement quelques appréciations avec extraits de la vie de Jésus, de Papini. Les livres sont bien chers.

Vous décrivez bien les caractères essentiels des doctrines qui séparent la France en deux tronçons. Ce fossé qu'elles creusent on le retrouve dans l'élite (dans le peuple, sous une forme plus vulgaire), dans les familles (Renan et son petit-fils Ernest Psichari), dans les formations politiques, voire économiques.

Et cela est tragique. Toute notre vie en est troublée : on trouve de la métaphysique dans les déclarations de tous les partis et ces partis eux-mêmes engendrent des formations économiques. Malheureusement, on ne défend pas toujours ses convictions philosophiques avec de simples arguments. Des haines s'allument et des vilenies se commettent.

Chez le dernier des bistros parisiens, on parle de Dieu et du Communisme avec une rigueur de Torquemada et des épithètes... choisies. Mais on descend bientôt de ces hautes sphères pour échanger des coups.

Et pourtant nous avons d'abord bien des problèmes vitaux à résoudre. D'abord vivre.

Je ne sais si les Anglais sont comme nous, mais je me souviens que M. B... m'étonnait quelquefois : je n'ai jamais su s'il était quaker, anglican, libre penseur ou boudhiste, car il poussait toujours le fer que mon esprit de chicane lui présentait : « *Toutes ces affaires-là sont personnelles, on n'en discute pas* ». Leur esprit est peut-être moins « spéculatif », malgré qu'ils sachent spéculer avec une grande maîtrise sur les réalités. Ils préfèrent les affaires, le coton et la puissance impériale.

Du moins est-ce l'opinion commune, celle de ce pauvre diable toujours mis à contribution et que les journaux, les politiciens ont baptisé : le Français moyen. Peut-être se trompe-t-il ce Français moyen, car les Anglais ont eu de grands philosophes.

Je me garde bien de me prononcer n'ayant pas qualité pour juger les Anglais, et les Français non plus.

Sur cette appréciation de Normand, je termine enfin et vous envoie l'expression de ma respectueuse amitié en vous priant de présenter à Mlle Sicard mes hommages respectueux.

FRANCIS.

P. S. — J'espère qu'un temps favorable vous permettra de jouir de votre parc nouvellement paré par le printemps. Qu'il doit y faire bon maintenant, y lire dans la paix, sans précipitation !

F. F.

Paris, 30 décembre 1925.

Au Docteur Sicard.

Cher Monsieur,

Nous voici à la veille du jour de l'an que je suis heureux de voir arriver puisqu'il me permet de vous exprimer mes sentiments affectueux et mes vœux ainsi qu'à Mlle Sicard. Que le bilan général de 1926 se solde par un excédent considérable de l'actif. Je sacrifie ainsi à la nécessité du jour ; dans la presse et dans les parlotes, c'est le style à la mode, budget, assainissement, inflation, balance, économie, politique. Qui n'a pas son plan financier ? Même les poètes se lancent dans le débat. Ce sera une des conséquences heureuses des calamités actuelles que de familiariser les Français avec les choses des finances que les Anglo-Saxons connaissaient mieux que nous, paraît-il. Mais que de misères, que de ruines, et beaucoup affirment que ce n'est pas fini.

Me voici redescendu des hauteurs et, je l'espère, définitivement. J'ai laissé dans l'Ain beaucoup de neige et 18° il y a un mois, et, dernièrement, crues et inondations causées par un dégel subit. Jusqu'à la pacifique Saône qui se permet de découcher.

Quelque temps avant de partir, grâce à un camarade complaisant et nanti d'une auto, j'ai parcouru le Bugey et même poussé jusqu'à Villefranche-sur-Saône, par Ambérieu, Les Dombes, Bourg, Ars. J'ai visité la fameuse église de Brou, une merveille, suscitée par la vanité d'un prince de Savoie. Je n'ai pas vu ailleurs pareilles dentelles de marbre.

J'ai regretté de ne pas pouvoir aller jusqu'au lac du Bourget qu'on aperçoit des environs et sur les bords duquel se trouve l'abbaye de Hautecombe qu'on a laissé, par gracieuse déférence, sous la domination italienne, la plupart des princes de la Maison de Savoie y étant enterrés.

A mon retour, je me suis arrêté deux jours dans la sévère capitale de la soie. Promenade rituelle à Fourvière, au parc Bellecour, etc. Mon Dieu, que ces Lyonnais ont l'air fermé ! On sait bien qu'ils possèdent la plus puissante bourgeoisie industrielle.

Je suis très heureux d'être en famille. Rien ne peut en remplacer la douce atmosphère de paix, de confiance et je fais du Droit par à-coups. Nous avons bien parlé de vous deux, du moment trop court que vous avez passé ensemble, de vos bons conseils dont je vous remercie beaucoup.

Simone est encore à Saint-Denis pour un an. Avant d'affronter la vie, cette sorte de retraite lui fera du bien, je l'espère ; son esprit mûrira. Je l'ai trouvée en progrès.

Maintenant les soirées doivent être bien douces à Mignonneau, près d'un bon feu de bois propice à la méditation, à l'étude : « l'heure du thé fumant et des livres fermés ».

Si j'étais près de vous je lirais avec beaucoup d'intérêt la traduction de vos correspondants brésiliens. Quelle opinion doivent se faire de notre France ces gens énergiques d'un pays qui attend tout de l'avenir ?

Mes parents et Simone se joignent à moi pour vous exprimer nos meilleurs vœux. J'y joins, pour vous et Mlle S..., l'assurance de ma respectueuse affection.

F.

Septembre 1922.

A Jean Comoy, licencié ès lettres et en droit, avocat à la Cour d'Appel.

Mon cher Jean,

Tu ne peux savoir comme ta longue missive m'a fait de plaisir. On est si heureux de recevoir des nouvelles d'un véritable ami.

Oui, cher Jean, la Providence t'a bien éprouvé. Echouer pour 4 points ! Ah ! si j'avais pu te donner les 16 points qui m'étaient en trop à l'écrit, c'eût été avec un véritable bonheur que je l'aurais fait.

Oui, Marco, il faut venir voir le Midi si riche, si hospitalier, si gai, parce qu'ensoleillé même en février, et arrosé d'un vin !... Il fait si bon vivre là-bas : la vue, l'ouïe, tous les sens enfin, sont charmés à la fois.

Oh ! ces douces siestes par un soleil royal, à l'ombre d'une vigne, et les grappes d'or mollement agitées par la brise du large qui vous caressent le visage...

Nous sommes en pleines vendanges et je te conterai comme cela se passe dans cette belle Gironde. Une des années prochaines, il nous faudra nous rencontrer au moment des vacances dans ce pays merveilleux, centre de ralliement : « Le Chapon fin », si Dieu le veut.

Crois-en ton vieil ami qui te prie de croire en son affection.

FRANCIS.

Septembre 1922.

A Jean Comoy.

J'ai bien pensé à toi depuis ta dernière lettre et les sentiments que tu éprouves à mon égard ont fait la matière des petites causeries que j'entreprends avec moi-même. Avant de partir en promenade, je me donne un petit sujet et j'y réfléchis dans le calme infini des campagnes. Que je suis donc heureux lorsque, assis sur un vieux tronc noueux, dans la douceur mélancolique des crépuscules d'automne, la pensée d'un ami surgit tout à coup.

Si tu savais combien ta bonne lettre m'a causé de plaisir, tu t'en réjouirais. Je passe sur les compliments d'usage dont tu enguirlandes ma dernière lettre pour ne retenir que l'émotion, bien sincère je t'assure, qui m'a saisie à la lecture de cette affirmation, de ce credo de ton amitié. L'amitié! pour un être dans le malheur, c'est une chose si rare, si douce, car je suis malheureux pour le moment, enchaîné que je suis pour quelque temps encore. Mais je guérirai je te jure, il le faut pour tant de raisons : les études auxquelles je me suis attachées, les sacrifices si lourds de mes parents! Je fais confiance à la solide constitution que m'ont légué mes ancêtres, pour me tailler une place au soleil. Je sens mes forces revenir vite.

Mon cher Jean, permets-moi de quitter pour un moment le ton badin de nos anciennes conversations, une fois n'est pas coutume.

Si tu demandais à nos camarades ce qu'ils pensent

de ton vieil ami, ils répondraient en souriant que je suis un brave garçon étourdi... Personne dans mon entourage n'a pensé que cette insouciance superficielle pouvait masquer un fond sérieux et peut-être douloureux. D'habitude, j'évite de laisser se manifester des excès de sentiments — une faiblesse à notre époque! Cyrano riait pour s'étourdir et pour tromper les autres. Les Gascons ont gardé sa tradition, et leur caractère souvent chevaleresque — à l'espagnole — les distingue de leurs voisins de Provence.

J'irai à Paris en octobre ou novembre passer une huitaine de jours. A quand le jour où je pourrai, avec toi, me rendre en cette chère Sorbonne que j'aime tant, travailler des choses qui m'intéressent, dont tu me fais un tableau si enchanteur. Comme je serai heureux! c'est une des bien rares pensées qui me réjouisse.

Ton vieil ami.

FRANCIS.

1920.

Autre passage d'une lettre à un de ses amis au moment de l'armistice, lorsque les étudiants allèrent à la Chambre des députés acclamer Clemenceau :

« Nous répétâmes son cri jusqu'à ce que le souffle nous manquât; nous criions la tête levée vers le ciel, il semblait que notre âme allait nous échapper. Toutes les fois que je parle de cette journée du 11 novembre, je m'anime et ne sais plus m'arrêter. Je comprends que dans de tels moments d'enthousiasme, on se fasse tuer pour un idéal, voire même pour un homme.

. . . .

Septembre 1923.

A Jean Comoy.

Mon ami,

Je suis allé à Rocamadour avec les mêmes sentiments que les chevaliers partant à la Croisade. Je promets de lutter et je crois à la victoire. J'ai jeté par-dessus bord toute complication, fuyant même la musique « briseuse d'énergie », comme dit Tolstoï. En fait, j'ai l'impression de jouer une très grosse partie pendant les mois qui nous séparent de l'été prochain. Si je devais la perdre, je demanderais à Dieu de rejoindre notre pauvre vieux Godon.

Tandis que le courant de la vie t'élève peu à peu, je me suis arrêté à 1922 et, depuis, je suis un palier qui ne peut être bien long dans aucun cas.

Je serai toujours très heureux d'applaudir à tes succès. J'espère d'ailleurs, après cette longue crise, gravir encore quelques degrés de l'échelle sociale.

Toi, tu vas à pas de géant maintenant : officier de réserve, et je te vois déjà Docteur. C'est ce petit galon d'or que mon père, vieil officier de carrière, aurait tant voulu que je porte.

A Jean Comoy.

Bris est certainement la douce campagne de l'Ile de France que tu me souhaites dans un langage bucolique. J'en goûte le charme réparateur. Je lis un peu, car le cadre est joli. Et crois encore que j'aime passer parfois une heure dans le petit bijou de chapelle des bonnes Sœurs, nos proches voisines. Cette grande paix qu'on ne trouve pas ailleurs, mais c'est une des preuves de notre religion.

F.

Saint-Urcize, décembre 1923.

A Jean Comoy.

Mon cher ami,

J'ai donc pris possession au cœur de l'Aubrac, vieux pays organisé par les Moines, à plus de 1.100 m.

d'altitude, par deux mètres de neige. Malgré l'aspect rébarbatif des choses qui m'entourent, je tâcherai d'y découvrir le bon côté. D'ailleurs, elles ont bien un certain charme, ce charme mélancolique et doux qui estompe les choses du passé. Depuis un mois, Saint-Urcize paraît endormie sous un épais linceul blanc, continuant ainsi son sommeil qui dure depuis des siècles. La Révolution la secoua un instant.

On raconte, le soir à la veillée, la mort de ce pauvre Curé de Saint-Urcize, pendu par les pieds par le maire, farouche Jacobin ; la guillotine fonctionnait alors à Aurillac et chez ces gens rudes, incapables de compromissions, elle faisait de nombreuses victimes. Or, un an après le drame, ledit maire fut surpris par une tourmente de neige, une douleur subite lui immobilisa les pieds ; on le retrouva quelques jours plus tard enseveli dans la neige.

Je m'étonne que la Révolution ait laissé ici un souvenir encore agissant. Des familles furent compromises, dit-on, et l'on chuchote des histoires terribles de vendettas dans les bois profonds, et de prêtres réfractaires. Partout ailleurs, la Révolution est entrée dans le domaine de l'histoire, une histoire déjà vieille.

J'adore écouter ainsi les vieilles légendes, ou les histoires touchantes de naïveté que racontent les femmes, le soir. Et les heures d'hiver s'égrènent lentement, sans ennui, dans une douce torpeur.

Lundi soir, messe de minuit d'une belle simplicité. Rien que des cierges ou des bougies. De belles voix graves ; je pensais en les voyant si recueillies, si unanimes, aux multitudes, aux ancêtres arvernes qui vinrent s'agenouiller et espérer. La pierre de la Sainte

Table du XIIIe siècle a été polie par leurs genoux.
L'odieux respect humain y est inconnu.

Saint-Urcize, avril 1923.

A Jean Comoy.

Mon cher ami,

Que dois-tu penser de ton vieil ami ? Qu'il est mort
ou bien ingrat ? Ni l'un, ni surtout l'autre, grâce à
Dieu. Mais je viens de traverser une période terrible
de dépression tant morale que physique, telle que je
n'en n'avais pas connu de semblable.

Un temps affreux depuis plusieurs mois ; pendant
mars, une pluie obstinée et froide, un vent hurlant
de façon lugubre, balayant en rafale les cimes désolées de l'Aubrac et du Gévaudan que hanta un mons-
tre terrible. L'isolement et le ciel toujours noir avaient
fini par saper mon excellent moral. Je me sentais las
et découragé et si je n'avais pensé aux êtres chers qui,
à Paris, souffrent et travaillent pour moi, je n'aurais
pas lutté contre cette vague de pessimisme.

L'image de mes bons parents à qui je dois tout ce
que j'ai de bon en moi, m'a obligé de traverser cette
dépression.

Ce n'est pas chic de ma part de te conter ces misères alors que tu goûtes de toute la force de la jeunesse l'ivresse du succès et du printemps.

Pardonne-moi, bientôt je t'enverrai une longue lettre d'humeur moins morose, en harmonie avec la tienne.

F.

Saint-Flour, mai 1924.

Mon cher papa,

En quittant Saint-Urcize, je t'envoie la photo du mont Griou que nous avons escaladé trois fois avec maman et où nous avons tout là-haut tracé nos noms sur la neige sous la protection de Dieu.

Excellent voyage, pays admirable et du vieux Saint-Flour, cité des ramoneurs, tes deux braves voyageurs t'embrassent de tout leur cœur.

FRANCIS.

A Jean Comoy.

La Roche (Corrèze), 18 mai 1923.

Seulement quelques mots, mon cher Jean, pour te remercier de ton excellente lettre que j'ai lue avec le plus vif plaisir ; elle m'a rejoint dans la riante Corrèze où tout est harmonie.

Je suis descendu des âpres sommets, des steppes désolées de l'Aubrac pour aborder une campagne plus douce et plus humaine ; *in medio stat virtus,* me dirais-tu. Oui, la vérité est toujours entre les extrêmes, aussi est-elle, hélas ! destinée à ne jamais triompher en général.

Le nuage s'est dissipé, j'ai repris courage, j'ai confiance, je travaille de bon cœur.

Ton ami qui est heureux que tu le sois.

FRANCIS.

La Roche, 1ᵉʳ juin 1923.

A Jean Comoy.

Mon cher ami,

Tu ne saurais croire de quel prix est l'affection d'un ami lorsque le malheur vous frappe. Dans ta lettre, où elle était si sincèrement témoignée, j'ai trouvé un réconfort.

Actuellement, tout va bien, physique comme moral, et je tâche de donner à ce physique et à ce moral des assises durables. La partie supérieure de mon poumon gauche est encore affaiblie par les gaz brome-ammoniac SO et H^2S que je *bravais si follement,* il y a un an ! J'espère que cela se réparera vite, n'ayant heureusement rien épargné. Ce sont, hélas ! les risques de notre carrière d'ingénieur chimiste.

Mais le temps ne s'y prête, le ciel nous octroie généreusement de grandes eaux, ce qui m'empêche de goûter aux charmes tant de fois chantés du printemps. Cette profusion de fleurs, cette bonne odeur de terre, ce puissant renouveau sont presque une révélation pour mes pauvres sens de citadin, détournés de leur utilité première. Les printemps précédents s'écoulaient pour nous dans la fièvre de bachotages et de divers concours.

Je me suis remis au travail et je potasse l'Economie Politique avec beaucoup d'intérêt. C'est une science presque passionnante et certains passages se lisent aussi facilement que des romans. Il est vrai que c'est le roman de la vie des hommes, leurs incertitudes dans la recherche d'un maximum de bonheur. Que d'expériences économiques dans l'Histoire et que de sang versé ! Cela devrait faire réfléchir nos violents réformateurs révolutionnaires.

N'admires-tu pas l'évolution politique et économique anglaise qui a fait l'économie de quatre révolutions sanglantes pour en arriver au même degré de liberté, de bien-être que nous ?

J'ai appris que la deuxième composition écrite porterait sur l'Histoire.

J'ai appris aussi avec plaisir que les fêtes de Jeanne d'Arc furent réussies ; tout l'Enseignement supérieur représenté !... et mon cher Jean en personne a bien voulu y assister. Mais n'était-il pas navrant de constater l'absence de toute délégation d'instituteurs ? Eux qui forment tous les enfants de France, avoir tant de mesquinerie. As-tu remarqué pour leur honte cette belle manifestation de plus de 3.000 polytechniciens, centraux, agros, etc... communiant tous à Pâques ? Ah ! que n'ai-je été à Paris comme les années précédentes pour me joindre à eux.

Je préfère la fête de Jeanne à celle du 14 juillet, Jeanne d'Arc a délivré la France ; le 14 juillet fut le triomphe d'une classe, de la guerre civile.

J'espère venir à Paris prendre mes deuxièmes inscriptions, dès que le Recteur en aura fixé la date. Je souhaite que cela soit bientôt, car j'aurai grand plaisir à causer longtemps avec toi. J'espère bientôt un petit mot de mon ami, me renseignant sur sa santé, ses prochains examens que je souhaite de tout cœur brillants.

Je t'envoie, mon cher Jean, mes amitiés et l'assurance de mon affection dévouée

FRANCIS.

Juin 1923.

A Jean Comoy.

Mon cher Jean,

C'est dans d'heureuses dispositions d'humeur que je prends la plume pour bavarder avec mon vieil ami ; je viens, en effet, de folâtrer dans les environs pendant l'heure délicieuse des jours d'été : la neuvième heure. L'air est encore frais et toujours parfumé aux meilleures essences : chèvrefeuille, églantine. Grâce aux bons saints Médard et Barnabé, la pluie est allée tomber ailleurs (pourquoi ne tomberait-elle pas dans l'Océan, elle ne gênerait ainsi personne !).

Il y avait tellement de vie dans le paysage et je ne sais quoi de troublant que je me serais presque mis à gambader. Quelle étonnante griserie monte de la terre de juin ! Et j'ai vingt ans.

J'ai été tout heureux de lire les lignes que t'inspirait ton fervent catholicisme. J'aime aussi beaucoup ma religion ; elle fait vibrer ce qu'il y a de plus noble dans nos âmes ; elle est d'un si grand réconfort dans le malheur ! Je ne comprends pas pourquoi il est des hommes pour en rejeter les infinies consolations : l'espoir en la vie future où nous retrouverons nos chers disparus pour ne plus les quitter. Pourquoi chercher d'autres origines alors qu'elle résout tous les problèmes, tous les cas de conscience.

Je ne trouve rien de plus ignoble que la politique anticléricale d'il y a quelques années, qui aboutit maintenant à enlever la suprême consolation aux malheureux, aux déshérités de la société : l'ouvrier se détachant de Dieu ; mais que lui restera-t-il alors ? Le dégoût, la haine. Elle est, là seulement, la clé de la question sociale.

Aux malheureux, un peu plus de résignation ; aux riches, la charité est un devoir et, dans la religion seule, se trouvent réunis ces facteurs d'apaisement : la Foi, l'Espérance et la Charité.

Les riches, l'élite, doivent aider, instruire et apprendre les plus malheureux à aimer Dieu. Jusque-là, ils trembleront pour leurs fortunes. Or, ils le bannissent des écoles pour le remplacer, par quoi ? Par l'absurde et nébuleuse morale de Kant qui n'a jamais remis un homme sur le droit chemin. Quel orgueil effréné !

Il faut des riches, mais des bons. Ils sont heureux : le premier pas doit être fait par eux. Aussi est-ce avec une grande joie que j'ai appris cette grandiose manifestation à l'occasion de Pâques : ceux qui plus tard gouverneront, c'est-à-dire nous, allant en corps s'incliner devant Dieu !

17 mars 1925.

*René Coustal, élève de Polytechnique,
à son ami Francis Duteau.*

Mon cher ami,

C'est à l'instant même, en rentrant dans ma chambre, que j'ai reçu ta carte. Je te réponds tout de suite, car je suis libre en ce moment.

Moi non plus, je n'ai pas oublié notre rencontre d'il y a trois mois. Je ne t'ai pas écrit depuis; surtout n'attribue pas cela à une indifférence de ma part, il y a d'autres raisons.

Non, celui qui a joué dans ma vie un rôle si important ne saurait m'être indifférent.

C'est bien souvent que je pense à ce jour de mardi, 9 décembre. J'y retrouve en même temps qu'une leçon d'humilité, la marque de la première intervention de la Providence en vue de me préparer à la mission qui devait être la mienne; mission si au-dessus de ma capacité, sans la profusion des grâces divines qui suppléent à ma faiblesse.

Comme je la revoie nettement cette leçon de philosophie avec M. B...! Tu étais assis à ma droite; je t'entends encore me demander à brûle-pourpoint : « Est-ce que tu crois en Dieu? » et moi répondant de façon stupide et prétentieuse : « Qu'est-ce que tu entends par Dieu? » Alors l'inspiration te fut envoyée et tu parlas... et moi je t'écoutais, plongé dans un état étrange... et ce fut un voile noir que tu déchiras devant moi.

Bénis sois-tu, ami, pour ce que tu as fait ce jour-là ! Quel service peut-on rendre à quelqu'un qui soit comparable à celui que tu m'as rendu ?

Tous les ans je fête cet anniversaire du 9 décembre, c'est celui du premier de la série des miracles qui devaient transformer mon existence ! Et chaque fois que mes pensées me ramènent à ces souvenirs, je pense à toi...

Merci !   René C...

15 avril 1925.

A Max Eymond.

Mon cher Eymond,

Chaque jour accroît ma confusion. J'aurais dû répondre plus tôt à votre aimable mise en demeure. Je vais tâcher de secouer cette veulerie qui me fait laisser en panne des lettres de trois mois.

Vous êtes tout à fait gentil de m'adresser ces compliments. Mais vous n'auriez pas dû ; vous savez comme je suis sensible à toutes les vanités. Et puis ramenons les choses au point vous avez loué Duteau parlant, ce qui est très différent, dudit agissant.

Comme je voudrais mettre mes actes en accord avec mes déclarations énergiques. Il y a progrès. Mais ne m'avez-vous pas vu dans certains états d'esprit lamentables ? A ces oscillations correspondent des variations physiques de même grandeur. Il y a quelque temps déjà que je ressens cet asservissement du physique au moral. Des personnes puissantes, dans l'orgueil de leur force rayonnante, peuvent soutenir en donnant leur exemple que la vie effective la plus désordonnée n'influence pas une santé solide. C'est que leur force physique est tellement considérable qu'elle peut subir une diminution sans qu'elles s'en aperçoivent. Mais leur influence, leur champ d'action seraient plus étendus si elles avaient cette discipline dont elles font fi avec bonheur, semble-t-il.

Vous me croyez enthousiaste toujours, mon cher Max. Hélas! je suis peiné que vous ayez raison en partie. Quand donc arriverai-je à dompter cette anarchique exubérance. Je cherche à lui opposer la digue de cette fameuse discipline, mais que de brèches. Néanmoins, comme je vous le dis plus haut, il y a progrès et progrès physique correspondant. Lorsque ma digue contiendra solidement le torrent, je serai guéri.

Il y a trois mois, j'arrivais à Paris. J'ai retrouvé dans cette foule trépidante, dans l'activité réglée de ma famille, une leçon d'énergie dont, j'espère, mes leucocytes feront leur profit.

Je sors beaucoup, je visite les bonnes vieilles rues des quartiers inconnus. C'est toute l'histoire de France qui se trouve concentrée à Paname.

Il est bien temps de tourner les yeux vers Grenoble. Il n'y en a que pour Paris dans cette missive. Votre province a bien ses charmes. On y juge à tête plus reposée, donc plus sainement. Et puis vous jouissez du printemps. Ici, c'est monstrueux, il passe inaperçu. Personne n'admire le beau ciel; il y a tant d'autos.

Grenoble est une capitale remuante, quoi que vous en disiez. N'a-t-elle pas mis sur pied une Exposition rivale de celle de Paris? J'ai vu en feuilletant des biographies, beaucoup de poètes, d'artistes originaires du Dauphiné. A ce propos, un libraire m'a proposé un superbe bouquin sur Assise et Saint François, que j'aurais bien voulu acheter aimant beaucoup le Poverello, comme vous dites. Il est mon Saint Patron. Seul le prix m'a fait reculer.

Je n'ai pas lu le livre de Benjamin. A quel titre me le conseillez-vous? Vous savez, il y en a tant qui paraissent que je veux m'en tenir à ceux qui me feront quelque bien.

Je me suis procuré : *le Christ, Vie de l'âme,* par Columbia Marmion ; *la Vie de Jésus-Christ,* de Papini ; *la Possession du monde ;* quelques Kipling ; *les Paroles d'un Revenant, le Stupide XIX° Siècle, les Musardises,* de J. London ; l'*Histoire de Bainville* et un bouquin que je vous recommande : *Explication de notre temps,* de Lucien Romier (chez Grasset). Et j'attends impatiemment *la Défense de l'Occident,* de Massis. J'ai aussi complété ma collection des Tharaud.

Vous voyez que je ne suis guère éclectique. Ils s'apparentent tous à un certain état d'esprit.

Tenez-moi au courant de votre vie. Je vous assure que c'est pour moi un grand plaisir de recevoir vos lettres. Mais que ce soit de part et d'autre sans contrainte, quelques minutes de loisir, un après-midi pluvieux. Dites-moi ce que vous faites, n'avait-il pas été question d'une charmante villégiature aux environs?

Comment va M...? Veuillez présenter avec mes hommages mon bon souvenir à Mlle L... et garder pour vous, mon cher Eymond, le meilleur de ce souvenir.

F. DUTEAU.

5 juin 1925.

A René Coustal.

Mon cher René,

J'attache un grand prix à ton amitié, car tu es plus près de Dieu que moi-même. Tu vis en te rapprochant le plus possible de cette règle sans laquelle on ne fait rien de grand, rien de durable, rien de vrai ; sans cette belle et simple règle que contiennent les Commandements. Les appliquer, c'est décupler ses forces morales. Je l'ai bien expérimenté : chaque fois que je m'en rapproche, j'acquiers la force sereine et je ne crains plus. Lorsque mon déficit de volonté m'en éloigne, je retombe dans les erreurs des sens de l'intelligence et le doute m'assaille. Cette expérience que tout homme fait est, par son universalité, une des preuves les plus hautes, les plus inattaquables du dogme catholique. Je ne demande à Dieu qu'une chose : récupérer ma capacité de travail pendant un temps suffisant pour récompenser mes parents des sacrifices si lourds qu'ils ont consentis pour m'instruire et qu'ils consentent encore pour hâter ma guérison.

20 août 1925.

A René Coustal.

Mon cher ami,

D'abord merci pour la confiance que tu me témoignes ; crois bien que j'en serai digne. Soutiens-moi ! J'ai trop grand besoin de certitude, de vérité, besoin spirituel et besoin physique pour vaincre la maladie, pour ne pas considérer attentivement ce qui prend la plus noble partie de toi-même : tes pensées, ta raison et ton cœur.

Les systèmes secs et froids de Kant à Comte ayant échoué lamentablement, n'ayant rien satisfait, rien expliqué, j'ai besoin que le catholicisme soit vrai. Aussi serai-je affreusement meurtri si une objection restant sans réponse, sapait l'édifice entier. Mais je suis rassuré : depuis 2.000 ans, toutes les attaques se sont produites et toutes furent repoussées.

Ce qui écrase l'homme c'est l'Eternité, éternité de la récompense, éternité de la peine qui interdit l'espoir. Bien entendu, on doit suivre la loi par amour de Dieu, par amour et par raison purs. Mais si, pratiquement, on supprime l'Eternité du Châtiment, la société se ruine.

C'est une des beautés de notre religion que de satisfaire aussi bien la raison du savant que le cœur du berger.

Jésus a parlé aux simples dans l'acception noble du mot et ceux-ci le comprennent sans détours.

Les explications chrétiennes de la vie, des origines
et des fins sont comprises par tous, car tous peuvent
être sauvés. C'est d'ailleurs un argument très puissant en faveur du Christianisme : pouvoir être compris
avec plus d'universalité que n'importe quelle autre
doctrine.

Quelque chose me dit, ami, que tu dois pratiquer
la vie intérieure toujours si féconde. La vie actuelle
ne laisse pas de place à la méditation et pourtant rien
de tel que d'être seul avec soi-même pour raffermir
son courage, retremper ses armes et produire un travail meilleur. Les grandes actions, l'action elle-même,
sont le fruit de méditations. Mais qu'il est difficile
de conserver cette paix, elle est si fragile ! Quand je
la tiens, je me sens heureux.

Ma santé s'améliore dans ce superbe pays du Bugey
dont je hume avec délices les saines émanations des
sapins. Si Dieu le veut, l'an prochain, je pourrai enfin
travailler et n'être plus une grosse charge à mes
parents si bons. Comme toi, je remets mon avenir
entre les mains de Dieu.

Je t'ai répondu avec la même franchise. N'est-ce
pas ainsi que notre amitié s'en trouvera fortifiée ?

Tu dois être au plus fort des écoles à feu, où tu as
l'occasion d'appliquer les théories apprises à l'X.

Je te quitte pour aujourd'hui, mon cher René, en
serrant cordialement ta bonne main amie.

FRANCIS.

Samedi 1er octobre.

A son petit cousin Jean de Rosencourt.

Mon cher Jeannot,

Déjà octobre : la rentrée, les feuilles mortes, la perspective d'un long hiver. Quel vilain mois ! et c'est bien celui où on est le plus triste. Et puis, c'est la période des : « il y a huit jours, je faisais ceci... »

Je me souviens que quinze jours plus tôt, j'examinais avec inquiétude le ciel qui roulait de gros nuages, craignant qu'il ne me permette pas d'aller te voir.

J'ai quitté la Corrèze avec ce que les poilus appellent « le cafard ». C'est que notre pays est si joli, si pittoresque, auprès de la Charente. Mais j'ai dans ma malle assez de gros bouquins qu'il me faudra étudier quatre à cinq heures chaque jour pour dissiper bien vite cette petite nostalgie.

Le patelin où ton cousin est allé s'échouer depuis cinq jours et pour trois mois est le paysage classique. Le village s'appelle « Le Roquet », peut-être parce qu'il abonde en petits chiens rageurs et, de fait, il y en a presque autant que d'habitants. Mais je suis chez des amis, chez de très bons amis, qui m'aideront à passer les vilains mois d'hiver.

Après-demain, Jeannot ira écouter la première leçon du maître, après avoir fait une bonne provision de courage. Tu te souviens de ce que tu m'as promis ? tu y travailleras beaucoup pour n'avoir pas à t'humilier devant tes grandes sœurs, lorsque tu ne sais pas faire un problème. Quand tu pourras le trouver sans leur aide, tu seras si heureux que tu les chercheras par plaisir comme des devinettes. Et je sais que tu as un bon petit cœur et qu'un bon baiser de ton papa et ta maman... c'est la meilleure récompense.

Je crois avoir oublié mon gilet dans le cabinet de travail. Ton papa doit me prendre pour un grand désordonné. Mais il faut si souvent faire preuve, durant toute l'année de qualités scientifiques — et l'ordre en est une — que, pendant les vacances, j'aime à me libérer de toute obligation. Je serais heureux que ta maman me le renvoie, peut-être en aurai-je besoin cet hiver. Présente-lui toutes mes excuses pour ce dérangement.

Papa, maman et Simone sont arrivés à Paris sans incidents, et maintenant ils s'occupent activement du trousseau de ta turbulente cousine.

Bon courage, mon petit Jeannot. Les trois premiers mois sont les plus durs. Après, Pâques et la Pentecôte arrivent si vite.

Quand tu iras te promener au bord de notre jolie Dordogne, je te charge de lui donner mon meilleur souvenir.

A papa et maman, ma respectueuse affection. Une vigoureuse poignée de main à tes énergiques sœurs et pour mon petit cousin les meilleurs baisers de son grand cousin.

FRANCIS.

Jean Comoy à Francis Duteau.

Mon cher Francis,

J'avais, hier soir, rédigé une missive à ton adresse et j'allais ce matin la glisser à la poste, lorsque j'ai reçu la tienne. Je suis heureux de savoir que ta santé s'améliore de plus en plus et que tu pourras reprendre le cours de tes chères études.

Fugit interea, fugit irreparabile tempus... eh ! oui, le temps fuit ; ce temps de notre jeunesse libre et indépendante. Après, ce sera le travail, le régiment, puis la grande vie sérieuse. Aussi ai-je profité du beau soleil ces jours derniers pour flâner à travers les quartiers du vieux Paris que j'aime à parcourir.

Je suis heureux, mon cher ami, de savoir que mon amitié te procure un léger réconfort ; crois bien que tes lettres sont les bienvenues aussi et que j'ai grand besoin de ton affection, seul réconfort moral, puissant pour moi. Lorsque j'en reçois une, je suis gai et ému : on dirait, je t'assure, un adolescent qui reçoit un tendre mot d'une jeune fille qu'il aime et c'est peut-être ce qui fait que l'Amitié si rare et si précieuse est supérieure à l'Amour : elle en a tous les charmes sans en avoir les cruelles déceptions et, en plus, donne à ceux qui la partagent le secret d'un bonheur tranquille et grave qui fait plus douce la vie de deux êtres.

Mon cher ami, tu paraissais redouter, lorsque dans ta dernière lettre tu me racontais franchement l'état de ton cœur, de me voir sourire à la lecture de ces touchantes et douloureuses réflexions. N'aie crainte, je ne suis pas de ceux qui croient que les sentiments et les larmes sont signe de dégénérescence. L'homme qui n'a jamais pleuré le soir, en songeant au passé et à l'avenir, celui-là n'est pas l'homme que Dieu a voulu faire vivre. C'est notre apanage et notre supériorité sur nos frères animaux que rire et pleurer. Laissons-nous vaincre par nos sentiments : c'est plutôt une victoire qu'une défaite.

Aujourd'hui qu'il est si rare de trouver parmi les jeunes gens des cœurs généreux et des âmes sensibles et droites comme la tienne, tu comprendras, mon cher ami, pourquoi ton amitié m'est si chère !

Non, je pleurerai plutôt d'en voir certains rire, que je ne sourirai d'en sentir souffrir.

Crois bien, mon cher Francis, que dès nos premières rencontres, si j'ai senti que j'étais attiré vers toi, ce n'est pas seulement parce que nous parlions ensemble de Venise ou du Pfalz, mais surtout parce que sous ce charme enchanteur, sous cette surface fleurie et gaie de ton être, j'ai deviné l'intime fond de sérieux, de noblesse qui s'y cachait et que j'ai senti vibrer un cœur d'enfant et une intelligence d'homme qui promettaient de devenir ce qu'ils sont aujourd'hui.

C'est pourquoi je dois te féliciter de la noble tâche que tu te proposes, comme confident vis-à-vis de ta jeune sœur. Combien de jeunes gens en voulant soit poser, soit sans réfléchir, ont causé le malheur de leur sœur en leur livrant, par le livre ou la parole, toute la désillusion de la vie !

Un dernier mot : je suis vraiment touché du bon cœur avec lequel tu m'offres de collaborer pécuniairement à l'édition de mon Mémoire. Je te remercie infiniment, mais mes parents devant m'offrir un cadeau pour mes licences, je saisirai l'occasion.

A bientôt de tes nouvelles, mon bon et loyal Francis.

Ton ami affectionné te serre cordialement les mains.

Jean.

Bris-sur-Forges, 19 janvier 1923.

A Mlle Marie de Barbazan.

Chère Mademoiselle,

Je risque, timidement, beaucoup d'excuses pour cette lettre si tardive. Ma récente défaite m'avait tellement abattu, tellement désillusionné que je me suis laissé vivre pendant quelque temps sans penser à quoi que ce soit, sans écrire, et chaque jour s'écoulait me voyant faiblir à ma promesse de vous écrire.

N'avoir jamais été malade et tomber deux fois...

Acceptez-vous les vœux aussi tardifs mais bien sincères, croyez-le, que je forme pour votre bonheur à l'occasion du nouvel an ?

Ma paresse a tant d'excuses que j'espère avec confiance.

Je suis à Bris-sur-Forges, je me promène seul en sabots dans les champs et dans les bois, admirant l'automne en octobre et actuellement l'hiver si décrié. Je l'attendais avec quelque appréhension ce premier hiver à la campagne et je me préparais à m'ennuyer beaucoup. Mais, mon Dieu! il a son charme tout comme le bruyant printemps; charme plus intime, fait de l'égrènement des souvenirs; et je me suis aperçu que Musset — (je crois?) — avait raison :

Qu'il est doux d'écouter des histoires,
Des histoires du temps passé
Quand les branches d'arbres sont noires
Quand la neige est épaisse et couvre un sol glacé.

Mais pourquoi faut-il que je les compare toujours à mon malheur présent, les joyeux souvenirs d'il y a seulement un an... ils sont devenus très amers!

Heureusement, il y a Noël, la neige immaculée que j'aime tant; les frimas si jolis lorsque le ciel apparaît bleu après la bourrasque et les sapins tout blancs qui ressemblent à de gros chandeliers aux 100.000 branches.

Il y a aussi une délicieuse chapelle tout proche, bleue, toujours parfumée aux fleurs naturelles et où j'aime passer quelques moments au crépuscule. C'est que mes récents échecs m'ont appris à faire sagement la part de Dieu dans tous les projets d'avenir, et j'ai trouvé un grand réconfort dans sa grande parole : *Fiat voluntas tua!*

Je me suis beaucoup rapproché de ma religion depuis ce temps-là. Puis j'admire en me promenant la grande paix des campagnes, du foyer du paysan sain, fort et grave, qui ne cherche pas à expliquer comme ces hommes des villes fats et prétentieux. Lorsque je croise sur le chemin un de ces braves gens façonnés par notre doctrine, j'admire en lui le produit humain de la religion. Ils sont, eux les paysans, l'équilibre, la mesure ; leur foyer est solide et ses joies sans lendemain. D'ici, il semble tout à fait paradoxal que des millions de gens prennent plaisir à s'entasser sans nul souci d'hygiène sur quelques kilomètres carrés, alors qu'il y a de jolies campagnes dédaignées.

Je reçois à Bris les hardis voyageurs qui bravent les rigueurs du temps, les risques du chemin de fer, les heurts et le douteux équilibre d'une vieille patache pour me porter un tas de bonnes choses. A Noël, toute la famille s'y est transportée pour garnir les souliers de son tire-au-flanc.

Je potasse tout doucement un peu de Droit, matière à laïus où chaque auteur prend plaisir à dépasser 1.500 et 2.000 pages pour dire l'essentiel sur telle ou telle question. Et je songe quelquefois avec regret au magistral *Traité de physique* de Faivre, qui, en 800 pages, traitait le programme de Spéciales (deuxième année). Il est vrai que dix pages de Droit se lisent aussi vite qu'une de physique.

J'admire chez ces bons juristes les définitions longues et imprécises, les « distinguos subtils » et ce souci évident, en droit constitutionnel surtout, de ménager les susceptibilités du régime politique actuel.

Je lis très peu, mais il faudra bien que je m'y mette, car j'ai un tas de bouquins qu'on m'a prêté et qui attendent un peu de bonne volonté.

Veuillez transmettre à Madame et Monsieur Henri, à Mademoiselle Juliette, mes souhaits de bonne année.

Je vous renouvelle les miens, chère Mademoiselle, en y joignant mon affectueux souvenir.

FRANCIS.

6

Couches-les-Mines, 10 août 1926.

A sa sœur,

Ma chère sœurette,

C'est à toi que j'adresse cette lettre qui contient 50 francs pour la fête de maman. C'est tout ce que je peux faire, devant aller à Rocamadour dans un mois.

Lis-tu la « Possession du monde », que je t'ai recommandé ? Il est bon, sauf trois ou quatre pages qui dénotent une défaillance de l'esprit, une erreur de jugement. Tourne-moi ces pages fausses, tu me prouveras ainsi que tu te dégages du texte que tu lis, que tu as assez de puissance et de liberté pour le discuter. Tu remarqueras que Duhamel — ces quelques pages exceptées — ferait un excellent chrétien. D'ailleurs, depuis ce livre — écrit en 1915 — l'évolution de son esprit l'y ramène lentement.

Les L... sont insignifiants; il est fort malheureux de perdre pour eux les fruits de plusieurs jours de réflexion, de méditation. Je te félicite de penser qu'en cette matière : ne pas avancer c'est reculer... Bravo, Simone; c'est fort bien observé : on ne trouvera jamais le bonheur dans les autres. C'est pourtant une chimère que l'immense majorité poursuit sans relâche. Le bonheur est affaire personnelle et doit être conquis sur soi... Ainsi, en fait : le pauvre égale le riche. Cela te donnera une grande paix, une grande force : tu te sentiras plus noble que ceux que tu croises dans la rue, et ton esprit juste te mènera dans toutes les compétitions, ne serait-ce que pour passer avec avantage le portillon du métro.

J'espère que tu as forgé pour ces vacances une volonté au service d'un plan précis. Elles ne seront sans nuages, agréables à ton cœur, à ton esprit qu'en étant à la fois utiles. Ces vacances font partie de ta vie. Ne crois pas que ce soit du temps à gâcher : délassement, variété, mais pas de gâchis ; ça demande l'effort, mais tout bonheur veut un effort.

Chère petite sœur, notre Monette, je t'embrasse de tout mon cœur. Forme-toi une âme saine.

Ton grand,

FRANCIS.

12 août 1926.

Chère petite Mère,

J'espère que M. Poincaré n'augmentera pas ses tarifs avant le 14, afin de nous laisser le temps de fêter dignement notre maman en famille.

J'apporte mon tribut à cette belle fête en t'envoyant mes vœux de longue vie et de bonne santé, en t'embrassant plus tendrement que d'habitude, si possible.

J'y joins aussi un léger tribut au cadeau qui marquera cette date.

Je penserai bien à vous le 15, j'ouvrirai cette journée par une bonne Communion.

Vous me donnerez des détails sur l'objet offert et sur l'emploi du temps de cette journée.

Encore de bons baisers,

TON FILS.

Samedi 4 septembre 1926.

Mes chers parents,

Alleluia!... Je suis heureux!... Je pars lundi matin pour Rocamadour... Mardi, vers midi, je m'arrête à Brive où je referai la visite à Saint-Antoine de fin septembre 1924 avec maman. Se rappelle-t-elle? J'arriverai à Rocamadour mardi soir.

Ce que j'y vais faire? D'abord demander pardon de ne pas avoir tiré tous les fruits de l'heureuse grâce reçue là en 1924. Puis demander à la Sainte Vierge ma grâce : la vie... et la force d'éviter le mal qui, même moral, réagit sur le physique.

Puis après le *Fiat!* qui est la plus belle prière, je demanderai pour vous tous la santé et la paix qui est le bonheur.

Papa et maman seront unis dans une fervente intention. Que Dieu nous les conserve très longtemps en pleine vigueur!

J'en aurai enfin une toute spéciale pour Simone, parce qu'elle est l'avenir, le rameau sain de la famille. Je demanderai à la Sainte Vierge de la garder surtout de toutes les erreurs de jugement qui m'ont amené tant de défaillances physiques. Car tout se tient : une erreur de jugement amène un acte mauvais, et la répétition de ces erreurs pourrit les meilleures plantes.

Simone me vengera en faisant mieux que moi, en réussissant. Condition : qu'elle se fasse une âme saine dans un corps sain.

Qu'elle s'impose la paix : paix du cœur, paix des sens, paix du cerveau.

Il est évident que « paix » ne veut pas dire « mort », au contraire, car pour s'imposer la paix, il faut lutter terriblement avec une volonté, un courage concentrés.

Je communierai le 8 et le 9. J'espère que vous en ferez autant ces jours-là.

Mes compliments à Simone dont il m'est bien doux d'apprendre les succès de tous ordres. Maintenant il s'agira d'utiliser ces diplômes. D'abord de ne pas les sous-estimer lorsque la conversation mondaine portera sur eux. C'est une mauvaise disposition d'esprit et n'est autre que du « chiqué contre ». Et dont on se mord les doigts ensuite, car les gens, malgré leurs protestations du bout des lèvres, aiment bien rabaisser tout mérite, toute chose qu'ils ne possèdent pas. Il faut acquérir des diplômes, les mettre en valeur.

Simone va sans doute entrer dans la vie. Que ce soit avec la volonté de ne se laisser jamais distraire du but qu'elle s'est tracé. Elle aura comme tout le monde des moments de cafard qui lui voileront la nécessité du travail, des moyens à employer pour arriver au but. La beauté du succès lui paraîtra lointaine et la mollesse lui soufflera : « A quoi bon ? »

C'est alors qu'il faudra réagir et se replacer dans l'état d'esprit qui l'anime maintenant, état sain, viril, pour retrouver les raisons de travailler.

Qu'elle note les raisons qui l'animent en ce moment pour pouvoir les « repenser » lors des heures grises.

Et puis ce qui vaut maintenant, ce qui a été défini bon à l'heure présente, doit valoir jusqu'à ce que le but ait été atteint; voilà ce qu'il faut se dire.

C'est le moment de retrousser ses manches pour entrer dans l'arène. Qu'elle commence à régler certaines affaires que papa lui donnera à résoudre afin qu'elle apprenne à se débrouiller, à se défendre. Il faut qu'elle défende ses intérêts, sans ce respect humain qui n'est que lâcheté.

Je suis content de l'opinion de maman sur elle.

Reçu lettre de ce vieux Pochtowik, je lui écrirai à mon retour.

Puisque vous verrez Miss B..., dites-lui que je me souviens d'une soirée chez Madame A..., où elle chanta une chose que j'ai trouvée fort jolie et que je n'ai jamais eu l'occasion d'entendre depuis. C'est la « Légende de la Sauge », qui se trouve dans le « Jongleur de Notre-Dame », de Massenet. Elle doit s'en souvenir.

Je vous écrirai de Rocamadour. Encore une fois, soyons-y tous unis, comme dans ce baiser que nous échangeâmes le 9 septembre 1924, après avoir tous communié. C'est le meilleur gage de bonheur.

Bonne embrassade.

FRANCIS.

Rocamadour, 9 septembre 1926.

Mes bien chers parents,

Je viens de communier là où il y a deux ans une vie nouvelle a commencé pour moi. J'ai fait le point, fait le compte des erreurs de ces deux années et tourné la page. Je ferme ces pages du livre vigoureusement, promettant de n'y jamais penser. Je date ma lettre nouvelle du 8 septembre 1926, avec l'aide de Notre-Dame de Rocamadour. Rendez-vous est pris avec Elle, pour le 8 septembre 1928, guéri. Le chanoine D... qui m'a confessé a enregistré ce rendez-vous. Il a connu oncle Curé.

Inutile de vous dire que durant toute la messe de 7 heures, j'ai été étroitement uni à vous et qu'en recevant l'Hostie des mains de l'Evêque, c'est Simone que j'ai présenté à Dieu pour qu'Il la préserve de toutes les chutes. Et j'ai pensé encore à ce baiser de paix que nous nous sommes donnés sur le parvis, il y a deux ans ; regrettant de ne pouvoir recommencer.

Mais ce n'est pas fini ; l'ère de nos pèlerinages à Rocamadour, à Lourdes, n'est pas close. Sur cette vieille terre de foi, d'énergie, d'âpreté où Saint Louis et d'autres rois vinrent en pèlerinage, où beaucoup de nos ancêtres depuis des siècles sont venus user de leurs genoux les vieilles dalles chargées d'histoire, pour renouveler leur serment de fidélité, de confiance, d'abandon courageux à la volonté de Dieu, nous reviendrons encore.

Le cadre est unique. C'est un prodige d'équilibre

que cette ville de 200 mètres de haut et 40 mètres de
large à peine.

J'ai retrouvé cet excellent Evêque de C... roulant
puissamment ses r, déplorant la mort des prêtres dont
fort peu sont remplacés.

Une veine : c'est l'abbé Desgranges, le fameux
conférencier qui fait trembler les communistes, qui
prêche. Vous souvenez-vous que j'étais allé l'entendre
à Paris dans une réunion publique en décembre 1924.
Et il est aussi bon sermonnaire que politique.

Ce sont les as qui viennent ici. Vous rappelez-vous
M. Thellier de Poncheville ? L'abbé Desgranges a
fait une constatation fort juste : « Si le peuple se
déchristianise vite à cause de l'école laïque, l'élite du
pays revient à la foi et très franchement, sans les res-
trictions mesquines de nos bourgeois de 1880 (grandes écoles, académie, université). Or, nous gouver-
nerons quand les vieux bourgeois radicaux auront
disparu et nous imposerons l'école chrétienne que ces
radicaux (alors l'élite de 1880) ont balancé. Le peuple
suivra car il est ce qu'est l'école, et pense comme son
élite, avec quelque trente années de retard. C'est
l'exemple de l'Italie. »

Je suis arrivé ici à 14 heures, le 7, ayant couché
à Brive. Je repars ce soir, à 20 heures, pour coucher
encore à Brive. Tous les hôtels sont bondés. J'aurais
dû écrire avant. Je prends mes repas à l'hôtel Saint-
Amadour (où nous descendrons les prochaines fois,
car il se trouve sur le même niveau que la chapelle).
Mais ma chambre se trouve en ville, le long de la
route.

A l'hôtel, à l'église, je retrouve à côté de nos visages
de braves paysannes, des familles qui me frappent par

leur dignité tout autant que par leur aisance de bon aloi. De fortes familles de cinq et six enfants communiant en corps derrière le chef de famille et qui sont chez eux, dans leurs cantons, les chefs, les « mainteneurs ». J'admire ces gens qui n'ont pas été gâtés par les villes et qui pourtant ne datent pas, suivant les modes (cheveux, par exemple) en les dominant. Ces spécimens je ne les ai vus que dans cette contrée. Il y avait, par exemple, un capitaine d'artillerie accompagné de ses quatre enfants.

Mais enfin ceci est dissertation.

Je demande ma guérison à Notre-Dame de Rocamadour, en faisant intervenir pour moi ceux de notre famille qui sont venus ici.

Je renouvelle ma promesse de vivre en chrétien, de lutter, et, pour me tenir en haleine, la Communion mensuelle. Je ne veux plus analyser ce qui s'est passé ; c'est toujours stérile, je veux regarder vers le 8 septembre 1928, avec l'aide de Notre-Dame de Rocamadour.

Ah ! comme je comprends ces pèlerinages de ceux qui ont combattu aux champs de Verdun, Douaumont, en Champagne, au chemin des Dames, à la Somme, à la Marne, en Woëvre. Terres de foi et d'énergie comme Rocamadour, où nous avons su dire : « Non ! » farouchement. Les anciens combattants retrouvent là les vraies raisons de ne pas douter de la France, de retremper leurs énergies, ils retrouvent les vraies lois de la vie que l'on ne comprend que devant la mort.

Avant de quitter Paris définitivement, il faudra que papa fasse ce pèlerinage des lieux où il s'est battu pendant la guerre. Il y puisera une prolongation de vie considérable.

Il est fâcheux que cette force spirituelle ait été employée par le politicien dont peut-être G. V. fait partie.

Mais ceci est encore secondaire. Cet après-midi, je vais aux vêpres... et le départ est fixé à 20 heures...

J'ai envoyé une carte à la Chaminade, aux Laurent, ils sont associés à mon pèlerinage.

Demain matin, je vais à Saint-Antoine. Départ de Brive à 9 h. 56. A Limoges, je prends le Bordeaux-Strasbourg.

Avant de partir d'ici, je mettrai un cierge dans la chapelle, qui résumera tout ce que nous avons à demander.

Je vous embrasse bien tendrement.

FRANCIS.

Couches-les-Mines, 16 septembre 1926.

Mes chers parents,

Voici la lettre hebdomadaire qui répond à la vôtre : Je n'oublie pas qu'il y a huit jours j'étais à Roca-madour, pèlerinage fécond en grâces.

. . . .

Ici, toujours beau temps et tout y va bien...

Je suis heureux que vous vous trouviez bien au Cluzelet dont vous êtes les châtelaines, à côté de nos bons amis.

Simone, me dites-vous, continue ses leçons d'anglais, ses leçons de piano. Le fait-elle sérieusement, en en comprenant l'utilité ?

C'est très bien calculé pour l'achat d'une maison.

Je vous embrasse bien tendrement.

FRANCIS.

. . . .

Ce fut sa dernière lettre... écrite dans son lit, car aussitôt arrivé de voyage, il se coucha... pour ne plus se relever.

Son dernier acte dans la vie fut donc pour son Dieu. Il est parti emportant le secret de ce qui s'était passé à Rocamadour entre la Sainte Vierge et lui...

Et puis ce fut le silence... le recueillement... sa fin toute proche. Un mois après, le 31 octobre, dernier jour du mois du Rosaire, lui qui le récitait si souvent, il remettait son âme à Dieu qui venait de la purifier par la souffrance.

Ses préoccupations les trois derniers jours furent toutes pour son Dieu et pour sa mère. Les voici dans l'ordre entre chaque accès de fièvre :

« Mon Dieu, je vous aime et je me donne à Vous. — *Sitio* — Maman, embrasse-moi. — Maman, tu es là ? reste auprès de moi. — Je t'aime bien, ma petite mère, nous nous comprenons si bien. — Mon Dieu, je remets mon âme entre vos mains. — Quand le soir descend, il fait bon. — J'aime Jésus et toi aussi, maman. — Mon Dieu, soutenez-moi. — Il suçait quelques grains de raisins : « Dans ce jus de raisin, j'y puise la vie, que c'est bon ! — A quoi bon lutter avec Dieu. — Tu sais bien, ma petite maman, que je *t'obéirai toujours*. — Au secours, mon Dieu. — Dieu sait bien que je l'aime ....

....

Et le 31 octobre 1926, vers 9 heures du soir, et le jour de la fête du Christ-Roi qu'on célébrait pour !a première fois, il est allé à Dieu dans un acte d'obéissance parfaite envers sa mère qui, désirant éloigner de cette âme les vains regrets de la terre, lui fit faire sa profession de foi en lui posant pieusement la demande : « N'est-ce pas, mon petit Francis, que tu aimes bien Jésus ? »

Il pencha sa belle tête vers elle, et les yeux déjà voilés par les ombres éternelles, mais fixés sur le Christ qu'elle tenait dans ses mains, il répondit : « Oui, j'aime Jésus. »

Ce furent ses dernières paroles, en les prononçant il s'endormit doucement dans la paix du Seigneur.

....

Il avait reçu la sainte Communion le matin et l'Extrême-Onction qu'il avait demandée.

Quelques instants avant sa mort, on entendit qu'il murmurait : pardon.

La neige se mit à tomber et cette âme tendre avait toujours eu une prédilection pour elle.

« Il a supporté son mal sans une plainte, ayant tou-
« jours, pour ceux qui l'approchaient, un sourire, une
« parole aimable, et sa constante préoccupation était
« de cacher son état aux siens pour ne pas leur faire
« de peine ».

SON TESTAMENT A SA SŒUR

Quelques jours avant sa mort, il demanda à rester seul avec elle. Appuyant son front sur son épaule il pleura et lui dit :

« Je vais vous quitter, c'est triste de partir si jeune... mais je suis résigné. Tu aimeras papa et maman pour deux ; tu leur diras que je les aimais bien ! Tu reste le seul rameau de la famille et tu réussiras là où j'ai échoué. »

Sentant l'émotion l'envahir et ne voulant pas succomber, il ferma les yeux et lui fit signe de s'éloigner.

ALLOCUTION

prononcée

par le Docteur Roux aux obsèques de Francis Duteau
ingénieur-chimiste

Mes chers amis,

Je salue, aujourd'hui, la dépouille d'un adolescent, brave et chevaleresque, fauché en pleine jeunesse par la mort, implacable bourreau. Mon cœur se serre affreusement à la pensée que ce qui était intelligence et lumière, loyauté et labeur, n'est plus qu'un corps inerte, demain poussière au sein de la terre. Je pense que ce jeune homme à qui la vie semblait sourire, qui devait être demain un peu de cette si douce France, qui devait l'honorer, la grandir par son travail, n'est plus rien, plus rien que l'inerte matière !

Mais non pourtant, je ne peux me résoudre à cette pensée, je ne peux croire qu'il ne reste que des chairs meurtries. Comment pourrions-nous l'admettre après l'avoir connu si beau, après avoir vu la flamme de ses yeux trop tôt éteints !

Hier encore, Francis Duteau était vivant... Hier encore, malgré le mal qui affaiblissait son cerveau, il nous regardait de ses yeux habitués à regarder en face, écoutant nos encouragements, cherchant sur nos lèvres l'espoir de vivre !!!

Vivre ! ? Comment ne l'eût-il pas désiré cet enfant intelligent, qui, après de solides études, pourvu de ses diplômes, voyait un avenir brillant s'ouvrir devant lui.

Il voulait vivre pour les siens ; pour ce père et cette mère qu'il voulait fiers de lui, pour cette jeune sœur à qui il donnait l'exemple du travail.

Il voulait vivre pour son pays dont il eût été plus tard un serviteur fidèle et digne.

Le mal n'a pas voulu ! A quoi bon récriminer ! Les Anciens disaient que mourir jeune, c'est être aimé des dieux. Cette pensée antique me revenait à l'esprit durant que j'assistais à l'agonie de Francis Duteau. Et, pendant que les sublimes prières de la mort montaient vers les lèvres exsangues et le front pâli, pendant qu'une mère angoissée cherchait à retenir cette âme qui partait et lui parlait du Christ !... je songeais que c'est une belle mort que la vôtre, Francis Duteau !!!

Ah ! oui, qu'importe la mort... Vous partez dans toute la beauté généreuse de vos vingt ans, n'ayant connu de la vie que ce qui est noble ; rien d'impur n'a souillé la clarté de vos regards ; vous n'avez pas su nos luttes, nos déceptions et nos tristesses ! Le grand lis est bien plus beau fauché par la tempête dans toute la splendeur de sa robe, que périssant lentement sous le souffle meurtrier des automnes !

. . . .

Non, jeune adolescent, je ne vous plains pas, mais je vous envie ! Moi, qui sais bien que par delà la mort il y a la vie ; moi, qui sais bien que les yeux ne se ferment ici-bas que pour s'ouvrir sur des visions plus belles ; moi, qui sais bien que je retrouverai un jour tous ceux que j'aimais, je ne vous plains pas, morts bienheureux !

Mais si mon cœur souffre, c'est pour ceux que vous laissez et qui pleurent !...

Me tournant vers eux, je leur demande de s'armer de courage et de puiser dans leur âme, l'espoir !...

Parents désolés ; vous, père, qui espériez que votre vieillesse aurait ce fier soutien ; vous, mère, qui avez gravi la douloureuse pente du calvaire, je m'incline avec respect devant votre peine atroce. Mais parce que je sais que vous conservez en votre cœur l'espérance des proches au-revoirs, je vous dis : « Refoulez vos larmes et que dans votre cœur, pieusement, le souvenir vive !!! »

Au revoir, Francis Duteau, nous garderons le souvenir du brave et loyal enfant que vous fûtes ; nous songerons souvent à vous, cherchant dans votre mort de nouvelles raisons de luttes. Puissions-nous dans l'exemple de votre vie courte et bien remplie, de votre mort *courageusement acceptée,* apprendre, nous aussi, à bien vivre et à bien mourir !

Au revoir !

Docteur Roux.

QUELQUES MOTS DU DOCTEUR SICARD
après la mort de son jeune ami

Chère Madame,

Connaissant l'affection et l'estime que j'avais pour votre fils regretté, le vieillard sceptique et morose que je suis voudrait pouvoir redire tout ce qu'il ressent devant cette perte irréparable. Il faudrait une plume plus littéraire que la mienne et je ne puis louer comme il le mériterait ce jeune homme d'élite avec qui il me fut donné de m'entretenir et de correspondre familièrement au cours de la maladie qui l'a enlevé à sa famille et à ses amis.

La voie scientifique dans laquelle il s'était engagé de prime abord lui fut fermée prématurément, hélas ! Mais, esprit à la pensée ardente, toutes les questions générales l'intéressaient et il en dissertissait avec un enthousiasme juvénile. Car l'enthousiasme était bien une de ses qualités maîtresses, qualité qu'on s'accorde à nous reconnaître à nous Français, qualité dont on nous loue et pour laquelle aussi on nous critique, mais qui est et restera toujours un élément important des actes collectifs quel qu'en soit d'ailleurs l'objet.

Sur cet enthousiasme, il m'arrivait souvent de verser une ondée réfrigérante : c'était de mon âge. Mais Francis était jeune et le naturel reparaissait vite. A peine dans les derniers temps, une nuance de mélancolie vint-elle jeter un léger voile sur cet état d'âme : la foi et l'optimisme conservaient leur prééminence.

Francis Duteau était doué de telle sorte que, s'il eut vécu, on aurait pu se l'imaginer plus tard homme de science, officier brave et irréprochable, ou ardent missionnaire.

Mais j'arrête ici cette vision d'un inconnu, hélas ! définitif pour ne rappeler que son amour familial, sa tendresse envers cette petite sœur qui fut sa seule préoccupation, et sa constance en amitié dont il nous fut donné d'apprécier tout le prix. Son souvenir subsistera vivace chez tous les amis qui l'ont connu et auxquels il a été donné d'apprécier ses qualités de tout premier ordre. Je ne crois pas qu'aucun de ceux qui l'ont connu puissent oublier le charme de son caractère et un je ne sais quoi qui révélait le sacrifice qu'il avait fait de sa vie, etc...

. . . .

Docteur SICARD.

Appréciation d'une jeune fille de 19 ans
amie de sa sœur
ancienne élève de Saint-Denis

Mon amie chérie,

Ta lettre m'a fait du bien et toutes les prières et pensées pieuses écrites au memento de ton cher Francis ont calmé mes révoltes.

Lui, ne s'est pas révolté contre la mort, parce que c'était la Volonté divine ; malgré cette force momentanée, hier, mardi, j'ai énormément regretté de n'être près de toi.

Je ne brûlerai jamais cette image qui vient de toi et qui le représente, lui qui faisait, à Saint-Denis, l'objet de nos conversations (en classe, sur nos descentes de lit) et en quelque endroit que nous nous trouvions. Mes sentiments à son endroit étaient confus : c'était un mélange d'admiration émue pour sa foi, son intelligence et enfin pour sa supériorité qui s'imposait quand on lisait ses lettres et qu'on le regardait. Au moyen âge, on aurait dit : c'est un Chevalier (loyauté, noblesse et beauté). De nos jours, on dit : c'est une valeur. Et enfin je l'aimais comme on aime le bien, pour ses yeux beaux et francs qui suivent et qui scrutent.

. . . .

Madeleine B...

POÉSIES et PENSÉES

trouvées dans ses papiers

Résignation

Je conviens à genoux que vous seul, Père Auguste,
Possédez l'infini, le réel, l'absolu.
Je conviens qu'il est bon, je conviens qu'il est juste
Que mon cœur ait saigné puisque Dieu l'a voulu.

Je ne résiste plus à tout ce qui m'arrive
            Par votre volonté,
L'âme de deuil en deuil, l'homme de rive en rive
            Roule à l'éternité.

Dès qu'il possède un bien, le sort le lui retire.
Rien ne lui fut donné dans ses rapides jours,
Pour qu'il puisse se faire une demeure et dire :
« C'est ici ma maison, mon champ et mes amours. »

Il doit voir peu de temps tout ce que ses yeux voient,
            Il vieillit sans soutien.
Puisque les choses sont, c'est qu'il faut qu'elles soient.
            J'en conviens, j'en conviens.

Dans vos cieux, au delà de la sphère des nues,
Au fond de cet azur immobile et dormant,
Peut-être faites-vous des choses inconnues,
Où la douleur de l'homme entre comme élément.

VICTOR HUGO.

L'Agonie

Vous qui m'aiderez dans mon agonie,
                Ne me dites rien.
Faites que j'entende un peu d'harmonie,
                Et je mourrai bien.

La musique apaise, enchante et délie
                Des choses d'en-bas,
Bercez ma douleur, je vous en supplie,
                Ne me parlez pas.

Je suis las des mots, je suis las d'entendre
                Ce qui peut mentir.
J'aime mieux les sons, qu'au lieu de comprendre,
                Je n'ai qu'à sentir.

Une mélodie où l'âme se plonge,
                Et qui sans effort,
Me fera passer du délire au songe,
                Du songe à la mort.

Vous irez chercher ma pauvre nourrice,
                Qui mène un troupeau.
Et vous lui direz que c'est un caprice,
                Au bord du tombeau,

D'entendre chanter tout bas de sa bouche
                Un air d'autrefois,
Simple et monotone, un doux air qui touche,
                Avec peu de voix.

Vous la trouverez; les gens des chaumières
Vivent très longtemps,
Et je suis d'un monde où l'on ne vit guère,
Plusieurs fois vingt ans !

Vous nous laisserez tous les deux ensemble,
Nos cœurs s'uniront;
Elle chantera d'un accent qui tremble,
La main sur mon front,

Lors elle sera peut-être la seule
Qui m'aime toujours.
Et je m'en irai dans son chant d'aïeule,
Vers mes premiers jours.

Pour ne pas sentir à ma dernière heure,
Que mon cœur se fend,
Pour ne plus penser, pour que l'homme meure
Comme est né l'enfant,

Vous qui m'aiderez dans mon agonie,
Ne me dites rien.
Faites que j'entende un peu d'harmonie,
Et je mourrai bien.

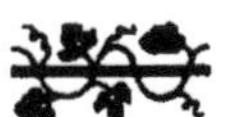

Dernier Souhait

Ainsi quand je mourrai, gaiement je vous dispense
Des longs discours d'adieu qu'on dit sur un cercueil.
Epargnez-vous aussi toute folle dépense,
Pour sculpter à mon nom un monument de deuil.

Qu'on me porte sans faste à l'humble cimetière
Sous quelque tertre vert par le prêtre bénit,
Qu'on y plante une croix de sculpture grossière,
Avec des fleurs au temps où le ciel rajeunit.

N'y venez pas vous plaindre au Maître de la vie,
De m'avoir fait quitter pour la nuit du tombeau :
Plaisirs, richesses, honneurs, biens que le monde en-
          [vie,
Mais qu'on laisse gaiement quand le Ciel est si beau !

O venez-y plutôt l'âme de ferveur pleine,
Demander que là-haut Dieu calmant mes remords,
M'introduise aux jardins de l'éternelle plaine.
C'est la prière et non les pleurs qu'il faut aux morts.
. . . .

Le sacrifice est peut-être la seule formule du bonheur.

Il nous faut manger, boire, dormir, paresser, aimer, c'est-à-dire toucher aux choses les plus douces de la vie et pourtant ne pas succomber.

Il faut faire de sa vie un rêve et du rêve une réalité.

Je me complaisais dans ma douleur. J'aimais l'aviver, trouvant dans sa morsure un peu de volupté.

Ne pleurez pas sur moi! Mes jours sont devenus éternels par la mort. Et vers la lumière intérieure, quand j'ai semblé fermer les yeux, je les ouvrais.

« Epigraphe trouvée en tête de ses cahiers de cours ».

LIVRE
DE MAX EYMOND
ACHEVÉ
D'IMPRIMER
LE
VI JUIN
MCMXXVIII